红山文化探秘

王相骊 王耀武 编著

内蒙古科学技术出版社

图书在版编目（CIP）数据

红山文化探秘/王相骊，王耀武编著. — 赤峰：
内蒙古科学技术出版社，2017.8（2022.1重印）
ISBN 978-7-5380-2839-3

Ⅰ. ①红⋯ Ⅱ. ①王⋯ ②王⋯ Ⅲ. ①红山文化—研
究 Ⅳ. ①K871.134

中国版本图书馆CIP数据核字（2017）第210782号

红山文化探秘

编　　著：王相骊　王耀武
责任编辑：李渊博
封面设计：王相骊
出版发行：内蒙古科学技术出版社
地　　址：赤峰市红山区哈达街南一段4号
网　　址：www.nm-kj.cn
邮购电话：0476-5888903
印　　刷：三河市华东印刷有限公司
字　　数：100千
开　　本：710mm×1010mm　1/16
印　　张：8
版　　次：2017年8月第1版
印　　次：2022年1月第3次印刷
书　　号：ISBN 978-7-5380-2839-3
定　　价：78.00元

红山文化需要在家乡
青少年中宣传和普及

时下,有一句推广赤峰旅游的广告词,颇使赤峰人感到骄傲和自豪,即央视每天都反复热播的"美丽草原,神奇赤峰"。每当夏秋之际,在蔚蓝的天空,飘着数朵白云的衬托下,绿色的草原上洒落着珍珠般的羊群和牛马,百花争艳,百鸟争鸣,神奇而又美丽。那就是我们的家乡——赤峰。

说我们家乡神奇而美丽,主要包括两种景观。一是自然的,二是人文的。自然的首先得说两条河,西拉木伦河和老哈河。她们川流不息,曲折蜿蜒地流淌在昭乌达草原,还有那怪石林立的阿斯哈图,壁立千仞的大青山,波涛起伏的达里湖,疗效极佳的三个热水神泉。大自然留给这片土地的风景美不胜举也美不胜收。说到人文景观,最为显眼的自然是辽代的两座都城及矗立在城址内外的佛塔,尤以辽中京大明塔最为闪亮。还有三处辽皇陵,即辽之祖陵(今巴林左旗哈达英格石房子村)、辽怀陵(今巴林右旗岗根苏木床金沟村)、辽庆陵(今巴林右旗索卜立嘎苏木埋王沟)及春陵邑祖州(石房子),庆州(白塔),松州。还有高州白塔,武安州白塔,降圣州白塔。这些地点保存的名胜古迹足以显示出契丹王朝所创造的辉煌。何况又考古发掘出数以千计的辽墓和数以百计的辽墓中精美的壁画。

如果再往前推,我们在地表尚能依稀看到燕、秦、汉三代的长城遗址。至于遍山分布的房址、灰坑等就不知何时何人所居,几代人传来的,就叫成"高丽房身",是因为我们的祖先从远方来到这里时看到这些遗迹,最多能想到是唐代薛礼东征高丽的故事。看到这些"大灰包"也就误认为这是高丽的遗迹。

要准确回答这些疑问,自然要靠考古学的发掘和研究的方法来解决。从 19世纪以来到 20 世纪初的一个多世纪,国内外学者纷至沓来,在探索这个神奇土地。"如果说黄河是母亲河,那么西辽河就是祖母河"等等。这是对赤峰先民智慧

和创造力的赞美,也是对考古工作的肯定。

有了这些考古研究的丰硕成果,方能够系统地编出教材。王相骊先生等编写的读本送给我看,我认为,这是普及考古学和考古学成果的最佳方式,赤峰确需有这样的"乡土教材",从学生抓起扩展到全社会,开展各种形式的爱国爱家乡的教育。

可以说,家乡光辉灿烂的古代文化又为多少家乡人知道?貌似知道的人又能知道多少呢?先民们遗留下来的宝贵遗产又有多少家乡人去弘扬和继承呢?热爱祖国必先热爱家乡,热爱家乡必知家乡的历史,保护家乡的文物古迹。同时,红山文化也需要在家乡宣传和普及,把几代学者的考古成果编成读本,在广大的中小学生和广大人民群众中进行传授,这无疑是宣传和普及的最好的形式之一。作为一个老文物考古者,我真诚期盼这部书编好,既科学又通俗,既全面又准确,而做到这一点并非易事。

最近,有学者指出,要研究和编撰赤峰考古史,要建立红山学体系。之所以这样提,是因为赤峰考古史在中国乃至世界考古史上占有重要的位置,具有典型性。我们不仅要看到我们先民在这里创造出多少个中国第一、世界第一,也要将发现这些第一的背后故事讲给读者们,激励他们更热爱这块神奇而美丽的热土!

是为序。

邵国田

2013 年 10 月 13 日

仰古、考古、述古,古为今用

——《红山文化探秘》说明

我们认为,身为五千年文明古国之国民,先要找出自己的文明之源、文化之根,没有文化底蕴为依托的任何建设都难逃时间的考验。同样道理,不了解红山文化也是身为赤峰人的一种极大的缺憾,而普及红山文化首要的是从娃娃抓起、从学生抓起,然后兼顾干部队伍并普及到广大群众。使我们每个赤峰人都了解红山文化,热爱红山文化,从而激发自己热爱家乡、建设家园的情感,继往开来,共创我们美好家园。把"文化立市"的理念真正落实到每个人身上。

关于本书的编写,我们想介绍以下几点,以示为红山文化的普及做点力所能及的奉献的初衷。

首先,将本书定位为常识普及型读本,尽量避免专业术语的使用,使之通俗易懂。力争打通专业性和通俗性之间的壁垒,面向尽可能多的读者。使之成为红山文化的普及性知识读本,并争取在中小学校中作为校本教材使用。

其次,在总体架构上,本书采用"总分总"模式。

第一章"日照红山后,龙起辽河源"从总体上简要概述红山系列文化的面貌,以便形成对红山文化的初步的总体印象。

第二章"发现祖母河,探源新曙光"则依据现在已经发布的各种考古研究文献资料,从时间上纵向列举红山系列文化的传承流变,让我们清晰地认识红山文化不是突然出现的,而是经历了漫长岁月的发展、演变,是红山先民一代又一代的汗水和智慧结晶而来。

第三章"玉根传国脉,彩韵照汗青"重点讲红山文化的亮点,再对红山文化做一个综述式的整理,力求立足在近些年来我国考古工作的重大突破和史学认识的三次飞跃的基础上突出红山文化的独特魅力,把红山文化的亮点挖掘出来,让

读者了解红山文化为什么是中华文明起源的重要源头之一。

第四章"与时代同行,开创新天地"列举出近年来红山文化研究的最新进展,努力把目前已知最新的研究成果与读者分享。

在文献资料的使用上,我们借鉴、综合了苏秉琦、郭大顺、刘国祥、席永杰等国内外知名专家学者的研究观点,以及国家正规考古简报公开披露的资料,同时参考了众多学术著作以及央视等媒体公布的研究成果。所有文字、图片都是官方机构已经公开发表过的,力求科学、严谨、客观地将红山文化图文并茂、全方位展现给各位读者。

在具体的表现"单位"上,我们选择了"章节"型结构,努力争取以一节课为最基本的构成元素呈现给读者一个相对完整的内容。

关于背景资料的使用和处理。力争简洁,能在每小节前面的导语里说完就尽量安排在导语里;不能简化处理的,我们在每节课的后面设计了一个专门的"延伸阅读",把本节内容的历史、文化和新闻背景说清,同时做一必要的拓展,力求使读者有更广泛更深入的认识。

本书还有一项独特的配套工程。就是如果有的学校或单位需要现场配以实物讲解红山文化,那么可联系编著者,我们能举办诸如红山文化进校园、进军营、进企业等红山文化普及、宣传活动。此前已经为昭乌达小学、实验小学、旅游局、红山宾馆、部队等多个地方进行了专门的宣讲,收效显著,并得到受众一致好评。

深爱、正视红山文化,将红山文化视之为生命的爱好者,历时数月昼夜奋战,完成此书的编著。限于编者视野尚不够宽阔,学术功底还不够深厚,语言文字功力也浅薄,难免在编著的过程中存在这样那样一些不足,诚恳的期待各位领导、专家、学者以及广大读者们斧正。

2013 年冬

红山文化探秘

目录 CONTENTS

第一章

日出红山后 龙起辽河源

—— 红山文化概述

　　红山文化距今五六千年,遍布整个东北亚地区,主要集中于西辽河上游的潢水(今西拉木伦河)和土河流域。它是中国新石器时代北方原始文化的代表,与山东地区的"龙山文化"和长江中下游地区的"良渚文化",都是中华古文明的重要组成部分。

红山文化遗址分布图

出土于内蒙古赤峰市翁牛特旗三星塔拉村(现名赛沁塔拉)红山文化时期的大型碧玉"C"形龙,周身卷曲,吻部高昂,毛发飘举,极富动感,是红山文化玉器的代表作,被誉为"天下第一龙"。因赤峰境内多有龙形玉器出土,故赤峰被称为"龙的故乡"。

红山文化全面反映了中国北方地区新石器时代的文化特征和内涵。其后,在邻近地区又发现了与赤峰红山遗址群具有相同或相似文化特征的诸多遗址,统称为"红山文化"。赤峰地区史前文化考古发掘揭示了红山文化的整体传承脉络,也代表了东北以及西辽河流域的史前文化传承脉络,以赤峰地区发现的史前文化类型命名的文化时期在整个东北亚地区都具有影响力和代表性。

赤峰史前文化时代在社会形态上大体上仍然停留在母系社会时期(中晚期出现了向父系社会的过渡),以"崇龙尚玉"、"祭天祀地"、"祖先崇拜"为典型特征。根据 C_{14} 测定,存在时间最远可以上溯至距今约 12000 年前,最近约至公元前 2000 年,这一时期,具有其独具地方特色的系统化的发展和传承脉络。通过对赤峰史前文化发展到中华礼制文明的全过程的研究,人们认识到:中国国家文明产生和形成的最初情形,从社会管理层面上说,是由巫到王;从观念形态上说,是由祭祀到礼制;从居住形态上说,是由村落到城邑;从社会组织形态上说,是由部落到国家。它的发现对于史前文明研究与中华文明起源具有不可估量的价值。

第一节　红山文化的发现过程

红山文化延续几千年，纵横几十万平方公里。有哪些学者参加了红山文化早期的考古工作？红山文化是怎样被世界公认的？

20 世纪初，中国处于军阀割据的年代。当地喀喇沁蒙古王公聘请了一位叫鸟居龙藏的日本学者做家庭教师。据他本人回忆，当年他越过辽上京（今巴林左旗）来到红山，在附近地面上发现了一些陶片，随后撰写了《满蒙史前时代》一书。1919年，法国人德日进在红山一带也发现了一些旧石器时代晚期的细石器。

鸟居龙藏

1933 年，日本占领了承德。随后派遣了一批日本考古工作队来到赤峰地区。其中带队人名叫滨田耕作，时任日本东京大学校长。他们来到这里的动机是想在内蒙古地区找出此地不属于中国历史文化的凭据。结果，在红山附近 30 多处遗址中发现一些陶器残片和几件青铜器，经考证后都属于中国历史文物，只得无功而返。

新中国成立后，梁思永先生任中国考古所副所长。中国考古学家尹达先生撰写了《中国新石器时代》一书，梁先生为其作序，书中认为红山文化是北方细石器文化和仰韶文化结合的产物。两位学者论述了东北这一文化现象，属于长城南北文化类型接触产生的一种新文化现象，并因遗址发现于赤峰红山地区，提出将此文化类型命名为"红山文化"。

　　1971年8月，内蒙古赤峰市翁牛特旗三星他拉村村民在北山植树时，意外掘出一件大型碧玉雕龙。从此，人们开始意识到，中国"龙文化"和玉雕艺术的源头可能在红山文化时期的西辽河流域。其后不久，在现内蒙古赤峰市敖汉旗古鲁板蒿、克什克腾旗好鲁库石板山、阜新胡头沟等地红山文化遗存中又陆续发现了数批玉雕龙、大型勾云玉佩等红山文化玉器。

　　1979年5月，考古工作者又在辽宁省凌源市三官甸子乡城子山找到了具有科学地层依据的红山文化玉器墓葬，从而使红山文化确有玉器成为定论。

　　1981年12月，在杭州举行的中国考古学会第二次年会上，辽宁省考古研究所孙守道先生等人，向大会提交论文《辽河流域的原始文明与龙的起源》，又一次确认了上述发现均属红山文化。20世纪八十年代的文物古迹大普查直接带来了赤峰地区考古的黄金期，这期间红山区西水泉遗址、蜘蛛山遗址，敖汉旗小河沿遗址、四棱山遗址、四道湾子遗址、西台遗址，巴林右旗三道梁子遗址、白音长汗遗址等一系列考古发现和发掘工作促成史前考古学认识上产生了"飞跃性"的变化。2003年兴隆洼遗址和敖汉旗草帽山遗址的发现更加证实了红山文化是文明起源之树的主干之一，至2011年红山区魏家窝铺遗址的发掘，红山文化独具特色、流传有序、自成一脉的特点已经为世界所公认。

■ 延伸阅读 ━━━━━━━━━━

历史文化研究者王相骊先生关于红山文化的概述：

红山文化发现于20世纪初叶，30年代开始发掘，50年代以赤峰市红山后命名为红山文化。经过上窑文化时期、小河西文化时期，到了兴隆洼文化时期正式开始繁荣发展。这个时期生活在赤峰这片土地上的先民遗址先后出土了中国最早的玉器，全世界范围内最早的蚌裙服饰，最早的骨笛，以及发现了改写世界历史的牙医。先民在生产生活方面以农耕为主，兼驯养家畜，并且在丧葬习俗上拥有独特的居室葬俗，这一切都说明了早在八千年前生活在这片土地上的先民已经进入了高度发达的文明时期。继兴隆洼文化之后，辽西这片土地又进入了赵宝沟文化时期、富河文化时期，首次出现了由猪首、鹿首和神鸟组合的"三灵纹陶尊"和被誉为中华第一凤的"陶凤杯",以及反映我们祖先祭祀情况的"卜骨"。经过以上四个文化时期近七千年的文化历史积淀,进入了久负盛名的红山文化时期,在赤峰这片富饶的土地上先后出土了"中华第一龙"等重要器物,为中华文明起源提供了有利的实物证据。此后,小河沿文化时期又相继出土了带有文字符号的陶器,充分证明当时先民已经具有了很高的文明程度。随后的夏家店上、下层文化时期出土了精美的彩绘陶和铸造精湛的青铜器,以及反映先民礼乐生活的石磬。总之,红山系列文化无论在精神生活还是物质生活方面,以及文明的发达程度,在同时期全国乃至全世界范围内都是遥遥领先的,是中华文明起源多元一体化的重要源头之一。通过对红山文化的深入研究可以让我们更好的了解人类文明起源,以及赤峰地区史前先民在人类对自然的懵懂期利用勤劳的双手创造出的不朽文明,与此同时也能更好的了解我们可爱的家乡赤峰拥有的丰厚历史文化资源。

第二节　红山文化的重大意义以及影响力

为什么红山文化吸引了全世界目光的关注，激发了学术界空前的研究热情？红山文化背后还有着许多传奇故事。

红山文化引起考古界关注是在"中华第一龙"确认后。

1971 年 8 月的一天下午，内蒙古自治区赤峰市翁牛特旗三星他拉村农民张凤祥在村子后面的果林里植树的时候，发现了一个好像是人工砌成的石洞。在

石洞的底部，他摸出一块像钩子一样的东西，质地坚硬，拿在手里沉甸甸的。张凤祥以为是一块废铁，收工时顺便把它拿回了家。他的弟弟张凤良当时才六七岁，看到哥哥扔在地下的像"铁钩子"一样的东西，就找了一根绳子把它绑紧，开始拖着"铁钩子"和小伙伴们在村子里玩耍起来，过了七八天，居然拖出了光泽，太阳再一晒，就能看出这

是玉。

当张凤祥发现这是一件玉器以后，就带着它来到翁牛特旗文化馆。文化馆里一位叫王志富的干部用30元钱征集了这件文物，但他并没有在意，办完入库登记手续之后，把它当成一件普通的文物锁到了箱子里。原辽宁省文物考古研究所名誉所长孙守道先生结合自己对这件文物的十年研究提出其为红山文化玉龙的初步概念，后经专家系统考证和国家博物馆多次论证，一致认为这件碧玉"C"形龙是红山文化时期最具代表性的玉器，是中华民族龙图腾文化（图腾在先民社会中起着重要的作用，它是最早的社会组织标志和象征。具有团结群体、密切血缘关系、维系社会组织和互相区别的职能。同时在原始部落先民的精神信仰中，他们期望得到图腾的认同，并受到图腾的保护）的萌芽，并称之为"中华第一龙"。

黄玉鹰 长 5.3 厘米、宽 4.5 厘米、头厚 1.9 厘米

此后不久，在赤峰市敖汉旗、克什克腾旗，辽宁阜新等地红山文化遗存中又陆续发现了几件玉雕龙、勾云型玉佩、玉鹰等红山文化玉器。

从此，人们开始意识到，中国玉文化和玉雕艺术的源头可能在红山文化时期的西辽河流域。目前已发现并确认属于红山文化系统的遗址，遍布东北亚地区，最远可到俄罗斯、蒙古国境内，以及朝鲜半岛和日本。

红山文化时期的先民不但创造出了众多造型精美且内涵丰富的玉器，同时还创造出大量与生活息息相关的祭祀以及日常使用的器物，其中包含陶器、石器、骨器，以及木质工具，造型丰富，工艺精湛。

2012年5月末，中国社会科学院考古研究所内蒙古第一工作队，与内蒙古赤峰市敖汉旗博物馆的考古人员在敖汉旗兴隆沟遗址考古调查时发现了部分陶塑人像残片，并于6月30日进行抢救性发掘，7月6日将整件陶塑人像复原。陶塑人像的出土引起考古界的极大重视，这尊超写实的陶人距今约5300年，雕塑了5300年前"栩栩如生"的祖先形象，"敖汉陶人"作为重要考古实证，他本身所蕴含的信息，繁复的制作工艺以及造型的艺术性，都表明红山文化晚期已正式

进入文明社会，并形成了完整的原始宗教等级制度与祭祀体系，是近万年中华文明的重要源头之一。

第三节 红山文化研究的价值

红山文化对历史学的贡献是什么？对人类文化学又有怎样的意义？

红山文化是与中原仰韶文化同时期分布在中国北方的考古学遗存，在发展过程中与中原仰韶文化相交汇而形成多元化的特点，是富有生机和创造力的优秀文化，其内涵十分丰富。手工业发展达到了很高的阶段，表现在玉器、陶器、骨器、石器的制做工艺和装饰艺术方面已经达到相当高的水平。玉器制作多为磨制加工而成，表面光滑、晶莹明亮，极具神韵，制玉业在发展中具备了专业化、系统化、规范化的特点。据目前的考古统计，在对红山文化时期诸多遗址考古发掘的过程中，出土规制高度趋同的玉器已达几百件之多。红山文化时期的彩陶多为泥

玉勾云佩　长 18.2 厘米、宽 10.9 厘米、厚 0.4 厘米
1980 年出土于那斯台遗址

质,以红陶黑彩最为常见,花纹十分丰富,造型生动朴实。这些都充分反映了当时先民丰富的精神、物质生活和高度发达的文明程度,在全世界范围内都是罕见的!

赤峰史前文化研究直接推动了中华文明探源工程。

众所周知,我们有文字记载的历史始于公元前841年(公元前841年以前被习惯性称为史前时代),那么没有文字记载的这段更久远的历史该怎样来认识?通过什么来认识?依据是哪些?这在学术界一直是个难题。

20世纪七八十年代,红山文化异军突起,东山嘴和牛河梁等遗址的发掘让学术界眼前一亮,再加上良渚文化等史前文化遗址的发现与发掘给我们提供了最丰富的实物参考,它远比散布在古代神

话传说和零星见载于各类古籍中的信息重要。尤其是20世纪八十年代开始的牛河梁"坛、冢、庙一体"建筑遗址和墓葬中玉器群的发掘,真实再现了先民们当年的生活情景。以夏、商、周断代工程为基础,依据考古发现的重要信息重新理清史前文明发展的脉络,勾勒出先民前进的过程,也就成了目前正在进行的"中华文明探源工程"的核心

内容之一。

红山玉器以其含有丰富多彩的历史信息成为研究工作的重中之重。专家学者们主要依据红山玉器、陶器等器物的造型艺术和工艺表现手法来追寻历史发展的脉络。

无论是从红山文化时期遗址中发现的玉器在史前考古文化区中的地位,及其与中原文化交汇所产生的作用来看,还是从玉器与礼的形成乃至国家形态初步形成的关系看,红山文化在中华文化与文明起源和形成过程中,都绝非配角。

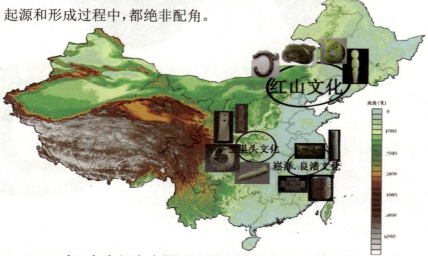

1992年,在为纪念中国历史博物馆成立80周年题词中,著名考古学家苏秉琦先生曾将中国历史的基本国情概括为:"超百万年的文化根系,上万年的文明起步,五千年古国,两千年的中华一统实体。"

超百万年的文化根系,已知的证据在渤海湾西侧河北省阳原县泥河湾桑干河畔,那里有上百米厚的更新世(距今约100百万年的地球时代)堆积的黄土层。在更新世黄土层的顶部有1万多年前的虎头梁遗址,在其底层有100万年前的东谷坨文化。它们代表着目前已知的旧石器文化遗存的一头一尾,而且东谷坨人已经能选用优质燧石原料,小型石器的类型已较固定,打制技术已较熟练,已具有明显的进步性,因此东谷坨文化以前还有古文化遗存!那才是我们要寻找的真正的文化源头。从超百万年的文化根系,到万年前的文明起步,从五千年前的"古文化、古城、古国"的发展,再由早期古国发展为各霸一方的方国(《荀子富国》有"古有万国"记述),最终发展为多元一统的帝国,这样一条国家形成的道路在世界上是举世无双的。

苏秉琦先生晚年总结一生的考古研究心得,又进一步将中原与各地的文化交汇所形成的六大区系称为"Y"形文化带,即:

1. 以燕山南北长城地带为中心的北方;

2. 以山东为中心的东方;

3. 以关中(陕西)、晋南、豫南为中心的中原;

4. 以环太湖为中心的西南地区;

5. 以环洞庭湖与四川盆地为中心的西南部;

6. 以鄱阳湖—珠江三角洲一线为轴心的南方。

这六大区块充分说明了中华文明多元一体的特征,彻底形成了关于中华文明起源的"区—系—类型"理论模型。其中对中华民族起源影响最深的"中原—北方"体系被称为中华文化总根系中的直根系,红山文化就是这直根系中最有生命力的一支。苏秉琦先生进一步提出了"红山文化是中华文明曙光升起的地方"的最新论断。这样,红山文化的历史价值就从最初人们认识的一种边远地区的史前文化遗存上升到中华文明起源的重要源头之一的高度,对红山文化的深入研究必将改写中华地区史前文明史。

第二章

发现祖母河 探源新曙光

——红山文化的传承脉络

014

　　历史学界流行这样一种说法：如果说长江、黄河是中华民族的母亲河的话，那么西辽河就是中华民族的"祖母河"。20世纪七八十年代以来，在红山文化所涵盖区域发掘出来的众多远古文化遗存充分证明了史前社会有令人无法想象的高度文明。红山文化能够如此繁荣发达，是由此前几千年甚至上万年的文化积淀和文明积累而形成的，在赤峰史前文化时期先民生活过的这片土地上，随着不断的考古发掘发现了：

　　距今1.2万年左右的上窑文化。

　　距今8500年左右的小河西文化。

　　距今8400～7200年的兴隆洼文化。

　　距今7350～6420年的赵宝沟文化。

　　距今5500年左右的富河文化。

距今 6500～4500 年的红山文化。

距今 5000～4500 年的小河沿文化。

距今 4200～3500 年的夏家店下层文化。

距今 3200～2500 年的夏家店上层文化。

理清了赤峰史前文明发展脉落与传承关系，就了解了东北地区史前文明的来龙去脉，就像了解由小树苗成长为参天大树的过程一样，才能对红山文化的形成以及中华民族文明起源有较为全面的认识。

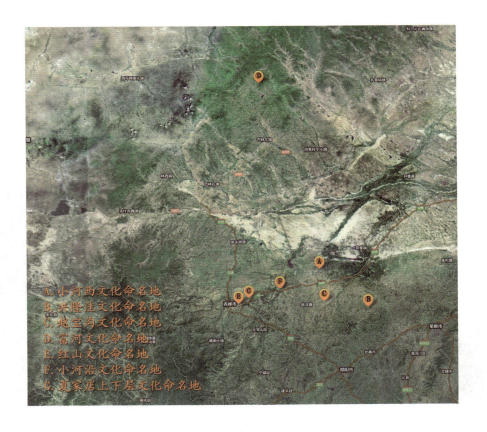

A. 小河西文化命名地
B. 兴隆洼文化命名地
C. 赵宝沟文化命名地
D. 富河文化命名地
E. 红山文化命名地
F. 小河沿文化命名地
G. 夏家店上下层文化命名地

第一节　上窑文化

> 旧石器遗存在全国各地都有发现。1974 年,在赤峰境内发现了距今约 1.2 万年的上窑文化,是目前已知赤峰地区最早的人类生活遗迹。在这片辽阔的大地上,考古学家的惊人发现揭示了红山文化由来已久。历史虽已远去,但考古学使它重现!

016

上窑文化遗址 1974 年发现于内蒙古赤峰市翁牛特旗上窑村北老虎洞山山顶的石崖下, 在那里发现了属于旧石器时代晚期人类居住的洞穴。洞穴呈半圆形,高 3.05 米,深 6.5 米,考古工作人员在洞穴内采集到三件打制石器和一块火烧过的鹿骨化石,测定其年代距今约 1.2 万年。上窑文化遗址是赤峰目前发现的唯一一处旧石器时代人类居住的洞穴,同时也以此命名为上窑文化。

图片为上窑遗址出土的器物,从图中可以看出这些旧石器时代的石器只经过简单的打制,以满足生产生活需要,而细石器时代的石器不但实用,而且制作得十分美观。

旧石器时代与新石器时代的明显区别是：新石器时代的先民们从事农业生产、饲养家畜、制作陶器、磨制石器，以上几点是旧石器时期所不具备的。在新石器时代，人类已经学会了纺织，发明了原始的农业和畜牧业，开始了定居生活。红山文化中就出现了典型的由"村落"向"聚落"、"超大型聚落"乃至"古城邑"、"古国"、"方国"发展演变的趋向。

在新石器时代完结后，人类开始进入青铜时代。考古学界还有一种说法是在青铜时代开始之前还有一段"以玉为兵"的玉器时代。在红山文化区中有诸多遗址都能为这种演变提供有力的实物证据。

编者此前查阅的关于红山文化的各种文献，都突出了它"新石器文化"、"青铜文化"两个阶段的特征。对红山文化的上源问题没有提示或避开不谈，红山文化不会凭空而来没有根由。新石器是由旧石器发展演变而来，而且我们的祖先世世代代传承下来的加工石器的技术从来未中断。列出在赤峰地区发现的旧石器文化遗址，意图在于让读者从更深远的时间维度上来认识本地的史前文化脉络，以便于更清晰的构建起西辽河流域文明起源的图谱，即：上窑文化（旧石器时代）—红山文化（新石器时代）—夏家店文化（青铜时代）三个主要历史时期。这种提法基本上反映出了赤峰史前文化的总体发展过程。

第二节 小河西文化

提醒大家：这里一定要注意，后面还有一个小河沿文化时期，两个时期只差一个字但是却差了几千年，小河西文化在红山文化之前，而小河沿文化在红山文化之后。

小河西文化遗址位于内蒙古赤峰市敖汉旗木头营子乡木头营子村小河西村民组的后梁上，遗址呈半丘陵地貌。东面是孟克河谷，空气新鲜，环境幽雅，依然存有原始风貌。该遗址距今有10000多年，是中华文明起源史上的重要遗存，将它视为中华文明的一个象征也不为过。

1984年夏秋之际，敖汉旗博物馆的工作人员在考古中发现一种有别于辽西地区已知的新石器时代考古学的文化类型，即小河西文化类型。1987年和1988年中国社会科学院考古研究所内蒙古工作队分别在小河西和榆树山两处遗址进行了考古发掘，并在当年的《中国考古学年鉴》上报导时称之为"小河西文化"。

小河西文化让已发现的中国东北地区最早的史前文化向前推进了约300年。考古发现表明，当时的原始村落规模偏小，这个时期人类已掌握陶器及细石器的制作工艺，当时先民居住方式由单独穴居转化为原始部落群居的形式，并且出现了半地穴式建筑，这些都是人类由旧石器时代进化到新石器时代很有力的证明。

上图为从博物馆拍摄的半地穴式房屋的结构图与成型后的样子，房屋是先从地上挖下圆形(到小河沿文化时出现)或者方形的坑，然后埋好木桩，支起框架再铺上覆盖物。这样的建筑优点在于冬暖夏凉，但缺点是潮湿。

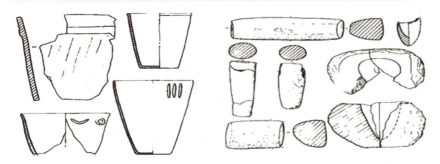

小河西文化遗址出土器物的素描图

小河西文化迄今仅挖掘了 3 处文化遗址，出土的文物有 300 余件，包括各种陶杯、陶罐以及各种骨制品和石器，其中包括中国东北地区最早的陶塑人面像，约同鸡蛋大小，高 5 厘米左右，可能是史前先民用于祭祀或崇拜的器物。于此也证明当时已形成祭祀礼仪制度和成熟的社会形态。

小河西遗址出土的陶器的陶胎和底部都很厚，且为"素陶"，即表面没有任何装饰花纹，这说明它的陶艺

小河西文化遗址出土的人面像

比较原始和粗糙。而在考古学中,陶器相比石器和骨器更能反映出年代的变化,在随后各文化类型中的陶器就出现了纹饰等工艺上的变化。

小河西文化时期的器物特征十分明显,陶器均为红褐夹细砂陶,尚未见泥质陶。器物以筒形罐为主,方唇直口,直壁近底斜收,制作较粗糙,火候较低,故很难复原。石器有石球、石斧、磨盘、磨棒、饼型器等。骨器有骨刀、鱼镖等。

在调查和发掘中,发现了大量的兽骨,加之一批大小不一的石球、鱼镖和细石器等,这些与渔猎有关的生产工具表明,小河西文化时期的经济形态当以渔猎、采集业为主,据此推测当时的原始农业只占很小比重。

据前赤峰学院历史系主任田广林教授研究,带有小河西文化特征的遗址在林西锅撑子山、巴林左旗福山地、敖汉旗千斤营子、翁牛特旗大新井等地均有发现。

中国东北地区是东北亚地区史前文化的重要发祥地之一,小河西遗址的发现为东北亚地区史前文化交流提供了新的线索,更加完善并向前推进了中国东北地区的史前年代图谱。

继小河西文化之后 500 年左右,衍生出了空前繁荣的兴隆洼文化。

第三节　兴隆洼文化

兴隆洼文化以其丰富的内涵引起了世界的关注。迄今为止已知最早的玉器、独特的居室葬俗、古老的牙医技术以及目前已知最早的骨笛……无一不言说着这处古代聚落的神奇！而且从它被发现的那天开始就一直不断有新的科学研究成果面世，兴隆洼文化之谜到目前还没有完全被解开。

兴隆洼文化因1982年发现于内蒙古赤峰市敖汉旗宝国吐乡兴隆洼村而得名，距今8400～7200年，经济形态除农耕外兼狩猎、采集。兴隆洼遗址主要分布在内蒙古西拉木伦河南岸和辽西地区，是内蒙古及东北地区时代较早、保存最好的新石器时代聚落遗址，总面积达3.5万平方米。

兴隆洼遗址发掘现场

兴隆洼遗址位于牛河上源的缓坡台地上,地势平坦,视野开阔,并且附近有泉水至今长流不断,所以很适宜古代人居住。除兴隆洼文化的遗存外,还保存着距今五六千年的红山文化、距今四千年左右的夏家店下层文化的居住址和城堡等诸多历史文化遗迹。兴隆洼文化遗址是一处不可多得的原始社会大型"聚落"遗址。兴隆洼文化遗址在1983—1994年期间先后经过7次考古发掘,确认遗址周围有人工围沟,围沟内有成排平行排列的房屋,房址最大的有140多平方米。经考古研究确认,这种超大型环壕聚落街区整齐、排列有序、防御功能突出,反映出其完善的整体规划和聚落管理体系,这表明兴隆洼文化时期聚落的社会形态发展以及所达到的文明程度在当时也是走在同时期史前文化的前列。

兴隆洼遗址出土的陶器均为夹砂陶,深筒直腹罐和钵为其典型器物;制陶方法主要是泥圈套接法,纹饰以压印纹为主,可以增加器物的紧固性,多网格状纹饰和"之"字纹。烧制方法据推测为露天烧制。兴隆洼文化时期的陶器总体上呈现出器形单一,质地松,色泽不纯,体壁较厚的原始特征。

兴隆洼遗址出土了大量的骨器,主要有骨刀、骨镖、骨匕、镞、杵、锥、针等生产工具和生活用品,其中有代表性的是"骨柄石刀"这样的骨石复合工具。石器采用先打制后磨光的工艺制成,单面钻孔,锄和耜最多,还有加工谷粒的石磨盘和石磨棒。

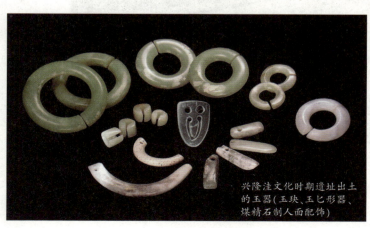

兴隆洼文化时期遗址出土的玉器(玉玦、玉匕形器、煤精石制人面配饰)

近年来在内蒙古赤峰市林西县、克什克腾旗,辽宁阜新等地均发现有兴隆洼文化时期的遗址。各遗址正式发掘出土玉器的总数已达

100 余件。兴隆洼文化玉器是迄今所知中国年代最早的玉器，开创了中国史前用玉之先河。

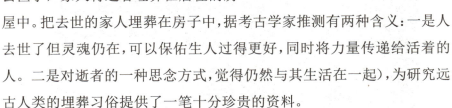

兴隆洼文化时期的玉器成批的出土于墓葬中，有玉玦、玉斧、玉锛等。玉器大量出土标志着从此时起，制玉从制石工艺中分离出来，成为一个独立的手工部门。分析兴隆洼文化时期出土的一部分玉器，除上图中间黑色的人面材质相对软一些，其他的几件玉器用料的硬度都在 6.5～7 度左右，在八千年前古人就能把如此硬的玉料制作得这么精美，不得不让人佩服红山先民的智慧。

著名考古学家刘国祥先生对兴隆洼遗址的特点总结如下：

第一，兴隆洼遗址是兴隆洼文化的命名地，是目前中国全面发掘保存最完整、年代最早的原始聚落，对于我们认识原始社会的历史有着重要的学术价值。

第二，兴隆洼遗址发现了非常奇特的居室葬俗（居室葬就是家中有人去世了，家人将逝者埋葬在居住的房屋中。把去世的家人埋葬在房子中，据考古学家推测有两种含义：一是人去世了但灵魂仍在，可以保佑生人过得更好，同时将力量传递给活着的人。二是对逝者的一种思念方式，觉得仍然与其生活在一起），为研究远古人类的埋葬习俗提供了一笔十分珍贵的资料。

第三，兴隆洼遗址出土了目前所知中国年代最早的玉器——玉玦，是世界范围内最古老的耳饰，为我们探讨中国玉文化的起源提供了实证。

随着兴隆洼文化时期诸多遗址的陆续发掘，研究其出土的大量玉器发现，这批玉器的选材无论在颜色、密度、硬度上都十分严格，制作工艺精湛，其中出土的一对玉玦大小一致、重量相同，在当时没有任何现代化工具的情况下能制作出如此精美的玉器令人震惊。当时能拥有、使用这些玉器的人可见身份地位之尊贵。充分反映出当时先民生产力的提高与使用工具复合化、机械化的进步，也折射出了当时社会分工以及等级分化的出现。兴隆洼文化时期遗址出土的玉器不仅在中国用玉历史上开创了先河，同时也为红山文化时期高度发达的文明以及中华民族龙凤起源奠定了坚实的基础。

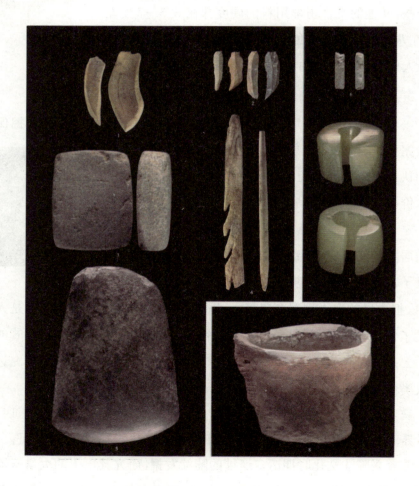

上图这件人面形饰品是由一名约为 6 岁的
儿童头骨制作而成,出土于墓主人胸前。

更值得关注的是下图的人面,人面由煤精石制成,牙齿是用贝壳
镶嵌而成,十分的美观。

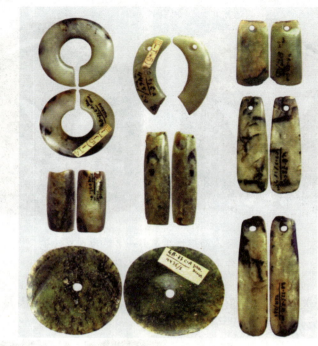

上图中器物出土于俄罗斯,相当于兴隆洼文化时期的玉器,无论是造型以及制作工艺都与赤峰地区出土的器物如出一辙,只是选料方面略有差异。

目前,对兴隆洼文化的传承、脉络与文化内涵已达成共识的有如下内容:

兴隆洼文化遗址考古资料表明,早在八千年前,这里就有了早期人类原始村落,被称为"华夏第一村";并且在兴隆洼遗址附近发现的草帽山积石冢、兴隆沟陶塑神像等诸多红山文化时期遗迹和遗物表明,早在五六千年前这片区域就进入了早期的城邦式的原始国家。到后期产生的小河沿文化表明,早在四五千年前就出现了与中原地区乃至长江流域有密切联系的同期原始文化;还发现了大甸子、城子山等夏家店下层文化遗址,表明早在三四千年前就有了与中原地区同等发达的等级社会制度与青铜时代文明。周家地、山湾子等诸多夏家店上层文化遗址表明早在两三千年前的先民们就已掌握了成熟的青铜采矿和冶炼铸造技术。延绵起伏于敖汉中部的两道燕长城表明在春秋战国时期这里曾位于燕国版图内。春秋战国之后,这里一直是北方游牧民族的驻牧之地。秦汉之后,这里开始有准确的史籍记载。正如考古专家所说:"了解中国文化,不能不了解中国北方文化;了解中国北方文化,不能不了解敖汉古文化。"

通过对兴隆洼遗址出土的资料进行多角度分析,能够确认赤峰地区的史前文明进程以及在东北亚地区所占有的重要学术地位。为人类起源的多元化提供了实证。

兴隆洼遗址的发现引起了国内外考古界、学术界的震惊。美国、日本、俄罗斯、法国、澳大利亚、韩国、英国、德国、以色列、匈牙利等国家和地区的专家、学者都对兴隆洼文化十分重视,多次到兴隆洼遗址进行考察研究。兴隆洼文化遗址在 1992 年被评为"八五"期间"中国十大考古发现之一"、"中国 20 世纪百项考古发现之一"。

一度繁盛并领先于中原地区的兴隆洼文化经历了近千年的发展后,与中原地区的文化相互交流、碰撞与不断融合,逐步衍生出赵宝沟文化、富河文化和红山文化,辽西地区的史前文化发展由此进入了一个更高、更新的历史时期。

■ 延伸阅读

古代玉器的加工过程简介

赤峰地区史前文化诸多遗址出土了大批精美的玉器，例如玉龙、玉猪龙、玉人、玉凤、玉龟、勾云形玉佩等。造型生动、古朴、大器中不失细腻精致。玉器的选材十分严谨考究，当时先民经过数百万年对自然界中石头的使用与了解，通过对石头密度、硬度、美观程度等代代相传的经验，选出了最为精美的制作成玉器，同时选择出可以加工精美玉料的石质工具，利用最为简单而又实用的杠杆原理制作出原始的陀具，在没有任何金属工具以及现代化工具的情况下将硬度在 7 度左右的玉料制作得如此精美传神，充分体现出当时先民坚韧的性格和无限的智慧，以及用玉制度背后所反映的当时等级森严的原始社会制度。玉器的出现也意味着等级制度社会体系的形成，充分反映了在当时有资格使用这些玉器的人的社会地位。下图是摘自成于明代的《天工开物·琢玉图》，在红山文化时期制作玉器的工具不一定与其完全相同，但是基本原理相似。

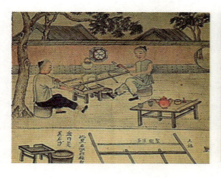

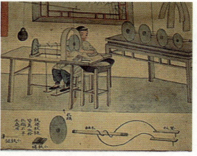

第四节 赵宝沟文化

　　"龙凤呈祥"寄托了人们美好的愿望与祝福,随着红山文化诸遗址中龙的形象不断出现,人们还在内心深处盼望着它也能有凤的形象出现。考古实践证明,这不是幻想。

　　赵宝沟文化因发现于内蒙古赤峰市敖汉旗高家窝铺乡的赵宝沟村而得名,距今7350～6420年。现在学术界一致认为,赵宝沟文化是兴隆洼文化发展下来的一个分支。

　　在赵宝沟文化时期诸多遗址中的小山遗址首次出现由猪首、鹿首和神鸟组合的"灵物图像",考古界称之为文化代表物,为"中国第一神图"和"最早的透视画"(或称"中国画坛之祖"),在意识形态和绘画艺术上具有划时代意义。又在敖吉乡南台地遗址中陆续发掘出几件以精美刻画鹿纹为装饰的陶尊、陶豆等极富历史、艺术价值的重要器物。

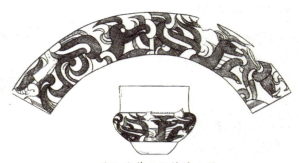

三灵纹陶尊及纹饰展示图

030

尊型器纹饰展开图

鹿纹陶尊展开图　　　　　　　　　　鹿纹陶尊展开图

赵宝沟文化中最具有代表性的还有陶凤杯。陶凤杯上的凤头冠、翅、尾的造型与中华传统的"凤"极为接近，已经将凤的特征完全显现，如此完美的"凤"的形象，在史前考古发掘中还是首次发现，被专家誉为"中华第一凤"，研究价值极高。

龙和凤是中华民族远古先民的图腾标志。史学家曾为寻找龙、凤图腾之源上下求索、皓首穷经。而今，"凤"又出现在了龙的故乡，让世人重新认识到"玉龙之乡"赤峰与远古文化、中华文明的渊源关系。

红山文化时期先民生活的这片土地上出现了中国最早的龙凤图案，成为中华文明的象征，同时也是中国古代传统文化中最具代表性和典型性的文化基因。"龙凤呈祥"，则是最受华夏儿女崇尚的吉祥图饰。有学者指出，5000年前，龙与凤同时作为祭祀象征出现在红山文化史前遗址中，标志着辽河流域是龙凤文化的起源地之一，占有"根地位"。这也是红山文化名扬国内外的重要原因之一。

赵宝沟文化遗址出土的器物还有石锛、石凿等，以石斧和石耜居多。其中最引人注目的是石刀，形制规范、通体磨光，制作得十分精致，这是对兴隆洼文化时期主要用于生产和生活器具特征的一脉相承。但较之于兴隆洼时期，赵宝沟时期出土的石器制作工艺更加复杂，造型也更加精美了。

这一时期，陶窑的发明与推广，使制陶业有了显著进步。在兴隆洼夹砂陶的基础上开发出了新的泥质陶；除了烧制各种罐和钵外，还出现了碗、盂、尊、豆等器型；在继承了兴隆洼时期制陶工艺的基础上更加繁复，更富艺术性，在原来网格纹、"之"字纹的基础上出现了几何纹、鸟兽纹和彩绘纹。

　　渔猎活动方面，和兴隆洼时期不同的是，兴隆洼文化时期的遗址中出土的猪骨经鉴定多是野生猪骨，而赵宝沟时代的猪骨则多出自家猪，平均1～2岁，比较一致。推测当时应该是处于农业和采集、狩猎并重的经济形态。

第五节　富河文化

　　赵宝沟文化主要分布在西拉木伦河以南地区，富河文化则主要分布在西拉木伦河以北的森林草原地带。这一节，让我们再把目光转向西拉木伦河周边的辽阔土地上，在蒙古大草原的东缘，大兴安岭南麓的辽阔空间里也广泛分布着红山文化的遗址。

　　富河文化因发现于赤峰市巴林左旗的富河沟门遗址而得名，主要分布在西拉木伦河流域以北的乌尔吉木伦河流域一带。据 C_{14} 测定距今 5500~5000 年。当时先民主要从事畜牧和渔猎生产，但农业生产也占有一定地位。生产工具有石锄、石铲、石凿、石砍砸器等，还有细石器，人们居住于半地穴式的方形或圆形房屋。在富河文化时期遗址中发现有卜骨，是中国已知最早的占卜遗物。

富河遗址出土的鱼网残片、陶器和一些石器

富河文化遗址出土的器物造型和石器制作工艺与兴隆洼文化有一定的传承关系,由考古类型学分析,富河文化可能与赵宝沟文化同时存在于赤峰这片土地上,所以被认做是兴隆洼文化的另一分支。

由于畜牧和渔猎生产方式使富河文化时期先民的生活不稳定,大型遗址少有发现。遗物中大型石器绝大多数是打制的,其中砍砸器数量最多,磨制石器极少,在磨制的石器上仍有明显的打制痕迹。这种情况表明当时的石器制造业比较落后,与相邻的红山文化区及同时期黄河流域的石器相比差距较大。富河文化遗址出土的一些器物,从器物表面来看都打制得十分粗糙,近似于旧石器时代工具,远不如其他同等文化时期的制作工艺先进。

富河文化时期的制陶业也不发达。遗址中的动物骨骸较多,有野猪、狗獾、黄羊、松鼠、狐狸等。遗址出土的动物骨骼中没发现家畜的骨骼。

在富河部落定居的村落发现有少量的谷物加工工具,反映出这一时期可能已经有了少量的农业生产活动,但大量野生动物骨骼及渔猎工具的出土,说明渔猎是氏族成员的主要生产活动和食物来源。

红山先民的渔猎生活

我们的祖先在经过了数万年的生息进化一次又一次的抵抗着、适应着自然环境的变迁,当人类刚刚进入文明的萌芽状态,却又迎来了距今约两百万年的第四纪大冰期,苦难、磨炼、困惑、考验、搏斗、抗争,充斥着原始先民的生活。大冰期结束后,大自然慷慨的赐予人类几千年温暖湿润的大好时光,人类抓住这难得的机遇,进入了大繁荣大发展的文明时代。我国东北地区从距今10500～10300年间开始进入全新世,随着气候变暖,先民们大踏步跨入了新石器时代。他们更多的使用磨制的方法制造出精美的石器,也不再单纯靠采集和渔猎为生,而是开始了栽培植物和驯养动物作为食物的来源——他们由食物采集者变成了食物生产者。这就完成了人类历史上最有决定意义的变革。兴隆洼文化、红山文化和夏家店下层文化诸多遗址出土的碳化谷粒和大量石耜是其直接证据。在兴隆沟遗址出土的胡桃楸果实,经科学鉴定和现在通辽大青沟原始森林中的极其相似,是先民采摘活动的鲜活证据。距今8000～3000年是气候最佳期,当时气候温和湿润,赤峰史前文化时期是历史上气候最适宜期。当时在赤峰史前文化分布区内,原始景观以沙地疏林为主(便于耕作),包括众多的丘陵、低山、台地、平原、林地、草原、草甸、湖泊等,广泛分布着暖温性夏绿阔叶林,地下水丰富,而且水位高,温暖偏湿的自然环境为先民们的生活繁衍和文化的创造提供了适宜的条件。这种环境还有食物链长的特点,早期人类在此可耕可牧,宜渔宜猎。当时的先民们既采摘果实、猎取鹿獐等动物、捕捉鱼类,也种植作物、饲养动物。

此时全国各地的古文化蓬勃发展,空前繁荣。东北有红山文化,黄河中游有仰韶文化,黄河下游有大汶口文化,长江下游有河姆渡—良渚文化,长江中游有大溪—屈家岭文化,各文化类型竞相迈进文明时代的门槛,共同缔造了中华文明。这其中赤峰史前文化既能继承与发扬传统,又能敞开胸怀吸收先进元素,从而在中华文明起源过程中先行一步。

036

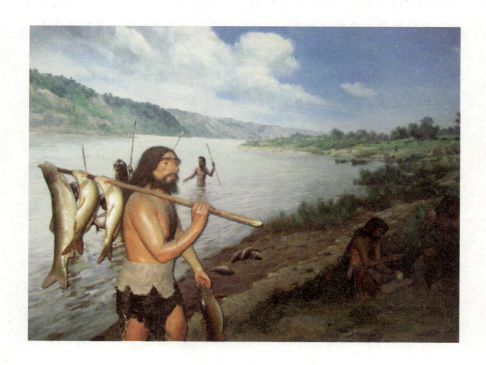

第六节　红山文化

红山文化广义上是指分布在西拉木伦河与大凌河流域为中心的远古细石器文化，以"崇龙尚玉"为典型特征，是中华文明起源的重要区域之一。狭义的就是指以赤峰红山后遗址命名的这一史前文化类型，本节我们将聚焦红山，共同领略红山文化的神奇魅力。

在赤峰市东北郊，伫立着一座红色的花岗岩山峰，在蒙古语中称之为"乌兰哈达"，意为红色的山峰。传说中还叫九女山。阴河在市区北汇入锡泊河后改称英金河，从红山脚下流过。在这片充满神奇的土地上，我们的祖先用他们的汗水和智慧创造出了辉煌的文化。

红山文化的最初发现，可以追溯到20世纪初，有两处遗址较为显著：一是红山后遗址，二是辽宁省葫芦岛市沙锅屯洞穴遗址。葫芦岛沙锅屯洞穴遗址是瑞典地质学家安特生在1921年受聘于北洋政府农矿部地质调查所期间，进行煤矿调查时发现的，这处古人类活动的洞穴里出土了石器、陶器、骨器和四十二具人类骨骼，是一处兼有墓葬和祭祀性质的遗址。安特生发掘完此遗址后即南下河南省，于同年10月发掘了

全世界著名的仰韶村遗址。

　　红山前后的遗址及早期发现的文物首先遭到了日本人的劫掘和掠集。

038

　　1908年日本人类学家鸟居龙藏来热河调查时，曾到这一区域采集文物。1919年法国神甫桑志华也来此调查，1924年他又与法国古生物学家德日进来到红山，采集到了细石器、石犁粗等。1930年冬，梁思永在完成黑龙江的工作后转道热河进行考古调查，在赤峰城东到红山嘴之间的北

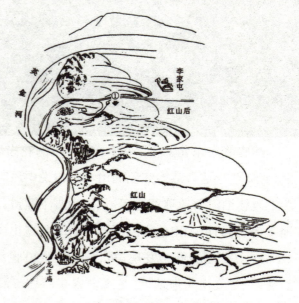

红山后遗址鸟瞰图(1、2红山文化遗存)

砂窝和东砂窝进行调查，想要寻找与长城以南彩陶文化有关的南北接触地区的新石器文化遗存，成为第一位来此实地研究考察的中国学者。1933年，以德永重康为首的"第一次满蒙学术调查团"来到红山后发掘了青铜石棺墓；1935年，滨田耕作、水野清一带领"东亚考古学会"到红山后继续发掘了北坡东侧的石棺墓，并且发掘到灶址（灰坑），出土的大量打制器、磨制石器，陶器以及蚌、贝、骨、角、牙器等文物被掠走，其中尤以出土的一批夹砂质红陶和彩陶器最为珍贵。

此后，以梁思永、斐文中、严文明、尹达、吕遵谔等学者为代表的红山文化研究者，对红山文化的不断深入研究使我们对红山文化的认识不断走向成熟。

1956年夏，北京大学历史系李炎贤、徐秉铎、纪中庆、白溶基、戴尔俭、杨栻梃在斐文中教授和考古学家吕遵谔带领下，对红山前的三个遗址和红山后进行了考察。考察期间采集到许多细石器的碎屑和细长石片，在山前发掘到了石器、陶器、蚌器和残破的鹿角；在山后主要清理了一些石棺墓和房屋遗存，由于此前日本人对此地文物盗掘严重，再加上自然形成的冲沟长期破坏，使得红山后的遗址保存不完整，但仍然出土了数量可观的打制石器和磨制石器，猪、牛、狗等动物的牙齿和骨骼以及各种陶片甚至青铜镞。

第
二
章

发
现
祖
母
河
探
源
新
曙
光

北大沟遗址位置图(图片选自《赤峰史志资料选编》第7页)

　　1963 年夏，中国社会科学院考古研究所派出的科考队在蜘蛛山遗址进行发掘，发现了红山文化、夏家店下层、夏家店上层、战国、秦、汉初等多种文化叠压的现象。其中出土的秦代"陶量"是反映历史上秦始皇统一度量衡制度最有力的实物。文化层叠压为判断时代序列提供了最好的依据。同年在西水泉遗址首次发掘到了红山文化的三座房址。其后夏家店文化的发现证明了远古赤峰人由石器时代向青铜时代的进步，其意义非同小可。

蜘蛛山遗址出土的秦代"陶量"

红山出土文物清单

主要文化遗物及特征					
地点	陶器	石器	装饰品	自然遗物	时代	附注
红山前2号地	手制红色或褐色；前者有彩陶和连点弧线纹的细泥陶，器形以盆、钵、碗为主后者多含粗砂，以纵或横的弧线纹为主，器形多是大口深腹罐	细石器，有细长石片、石屑、箭头、尖状器、圆头刮削器、石犁头残块，石磨棒和打制使用的石片	用较厚的蚌壳边缘做成。一端近于方形，另一端近于弧形	残损的斑鹿角	新石器时代	彩陶箭头和尖状器系采集
红山后北大沟住地	手制为主，有红、褐、灰三类。红陶含砂，表里磨光挂红色陶衣，有罐、盆、盘、钵等；褐陶表面磨光，近底部有时为灰色，有小口罐、碗和鬲；灰陶以灰色绳纹陶罐为主，重要的是红陶和褐色分裆柱足鬲数目极多	打制和磨制两种，前者有砍伐器、斧状器和石片刮削器；后者有石刀和穿孔锤斧。此外，还有使用的砾石		猪、羊、牛、狗等动物牙齿和骨胳。另有穿孔未透的肩胛骨	战国以前的青铜时代	
红山前1号	灰褐色分裆柱足鬲和实耳钵残片					和北大沟住地相近
红山前3号地1址	鱼骨盆陶器口缘、灰色绳纹陶盆和盆、大口瓮残片				战国时代	在红山后采集到矮足连裆鬲残片
红山前3号地2址	灰色大口瓮残片				汉代	地表有大量汉代陶片

此后，又经过多次调查研究，红山文化的独特价值逐渐得到世人公认。1954年，尹达先生在梁思永先生的建议下，于专著《中国新石器时代》一书中专门列出红山文化的内容，正式提出"红山文化"这一概念，把对它的认识从"先秦遗存"、"商周分支"直接提升到史前文明的高度。经过上世纪七八十年代的大规模文物普查后，红山文化玉器的确认、喀左东山嘴遗址的发掘、牛河梁积石冢女神庙的发掘、"考古学文化区—系—类型"理论的提出等工作极大的促进了赤峰史前文化研究的进展。

与兴隆洼文化相比，红山文化有自己独特的亮点。在制玉方面，红山玉采用成熟的切割工艺，比前者进步许多；玉器造型上更多的体现出一种艺术性，审美追求也更高，比如C型玉龙，其头颅和躯干的比例恰好符合黄金分割率，这绝对不是一种巧合。在石器制作上，红山先民使用的石器种类更加齐全，采用了比兴隆洼时期更先进的双面钻孔技术；西水泉遗址出土的一枚石珠，长度为2.1厘米，外径只有0.8厘米，却能在中间钻透一个0.3厘米的孔，即使用现代技术加工也不过如此。体型硕大的"梨形耜"给农事提供了极先进的生产力，是直接推动红山文化走向繁荣的决定性因素。另一个颇引人注目的现象是红山时期石镞大量出现，应是当时狩猎发达的反映，专家推测可能是大量猎取动物，造成自然资源枯竭从而刺激了家畜驯养的产生。在制陶上，红山文化时期，陶窑由单室单火膛改进为双火膛连室窑，出现了修整陶坯器形的陶轮，但是属于比中原地区落后的慢轮；东山嘴和牛河梁大量出土的陶塑像及残片，说明当时有发达的陶塑艺术。

综合多年来各红山文化遗址的情况，可以清楚看到：从兴隆洼文化时期就已经出现了由氏族向国家雏形的转变，与中原地区诸文化时期相比较，东北地区的红山文化时期先民率先跨入古国阶段。空前繁荣昌盛的红山文化群体,是照亮中华大地的第一道文明曙光。所以苏秉琦先生高度赞誉红山文化是"中华文明曙光升起的地方"。

"红山文化古国"概念的提出并得到学术界认可,并促使考古学产生了三个飞跃。

1999年,在《中国文明起源新探》一书中,苏秉琦先生把它准确的定位在"中华文明起源之一"的高度上。这片覆盖了西拉木伦河、老哈河流域,西起张家口,南达天津平原,北越蒙古甚至俄罗斯,东达韩、日的广阔土地上,先民用无限的智慧创造出不朽的文明,深深影响着中华民族的传承与发展,同时也成为中华文明起源多元一体化重要源头之一。

就在本书编写的过程中,国家已经为发掘二道井子遗址设立了综合开发的专项计划,魏家窝铺遗址的发掘工作已经接近尾声,新发现的喀喇沁旗西桥战国贵族墓葬群也被列入了重要文物保护工作之列。在这片神奇的土地上发掘的诸多史前文化遗址中的重大考古发现,向我们展现了赤峰地区史前文明在中华文明起源、发展进程中的重要地位。

第七节 小河沿文化

在辽阔的内蒙古大草原上，有一条横贯东西的铁路大动脉，人们亲切地称它为"草原列车"。当你乘坐草原列车跨越老哈河时，可能没有注意到铁路桥东头那块台地，它就是小河沿遗址的发现地。1973年辽宁省博物馆会同原昭乌达盟文物工作站、敖汉旗文化馆对小河沿遗址进行了考古发掘。

小河沿文化发现于内蒙古赤峰市敖汉旗小河沿乡白斯朗营子南台地遗址，也因此而命名。它晚于红山文化，早于夏家店文化，距今5000~4500年。

同时在赤峰市翁牛特旗、林西县、敖汉旗、喀喇沁旗以及辽宁朝阳等地也发现了小河沿文化时期的遗址。小河沿文化不是对红山文化的简单继承，它与红山文化既有联系又有区别与发展，而且吸收了中原地区的大量文化因素。

小河沿文化时期先民的生产工具主要是石器。以磨制精致的带孔石铲取代了红山文化时期的梨型大石耜。

小河沿文化时期的先民们过着定居生活，从事农业兼营狩猎业。掘土工具的改进也说明其农业生产力有所

上图中间白色的这件就是带孔石铲，其他几件是同时期玉器，最下方一排为石镞。

提高。彩陶上的原始图画和文字符号以及镂空技术都表明：这里的先民们生活稳定，并开始进入追求丰富精神生活的阶段，人类文明正在不断发展。

这是一组小河沿文化时期出土的生活使用工具和陶器(拍摄于赤峰市博物馆)

小河沿文化时期的两个突出特点是：

第一，农耕工具的进步，使生产力显著提高。

第二，文字符号成系列的出现。

小河沿遗址出土了带文字符号的陶罐，被专家公认为是远古时代文字的雏形之一。

上图就是引起考古学界高度重视的带有原始性刻画符号的陶罐。赤峰市博物馆工作人员根据这件陶罐所作的拓片，使我们能够更直观的看到上面的文字，这段文字符号具推断有两种含义：

第一，天空中发生爆炸巨响，玄鸟背负着一块神石安放在这片草原上，这是天神的指示。

第二，四周的天空忽然暗淡下来，黑暗的天空压在山峰上，大地如同黑夜一样看不清楚，乌云翻滚，狂风大作，暴雨倾盆而下，雨越下越大，田地和高耸的山峰也被淹没了。

其实对远古文字的翻译，不能等同于现代文明的文字，现代文字往往一个字就能代表一个意思，而远古文字是一些符号或者一组图案，代表一句话的含义，是形容一个事物的片段，多个片段加在一起，就再现了一个事物发生的完整过程。这种做法也体现了先民的智慧，但却给后人留下了许多未解的谜团。

考古发现和远古神话传说表明，我们的祖先还使用"结绳记事"、"堆(刻)石记事"的方式传递信息，但这些都不如符号的作用明显。符号是原始文字之源，有了文字的萌芽，文明就步入了发展的快车道。

小河沿遗址出土的玉器较少，但"尚玉"的传统仍然存在。小河沿文化时期骨制品技艺更成熟，其中大南沟墓地发现的骨针，针眼只有 0.5 毫米，与现代钢针无异。同址出土的石环、石璧形制规范、工艺精湛，标志着红山文化涵盖的地区进入了铜石并用时代。小河沿时期出土的石器体型上明显比红山文化时期更为精巧，可能是由于生产工具使用方式的改进，以及本地区松散的砂质土壤经历了长期的耕种变成了"熟地"，使其不再需要大型而又笨重的生产工具等原因造成的。

小河沿文化时期的另一个显著变化是，兴隆洼文化时期以来，辽西地区领先于中原地区的发展趋势开始转变，像"坛、庙、冢"那样的社会体系、礼、祀制度都发生巨大的变化，自身形成的几千年的文化传统与东北亚以及中原地区的文化传统相汇集。就是从这一时期开始，赤峰地区史前文明的发展，与中原等地相比出现了本质上的差异。

第八节　夏家店下层文化

在考古学中，"红山文化古国"、"夏家店下层文化方国"先后出现在辽西大地上，如果说前者代表了远古文化的基因传承，那么后者则代表了远古文化的基因变异。本节将为大家简单介绍夏家店下层文化。

夏家店文化，经过考证分为夏家店下层文化和夏家店上层文化两个不同的时期。考古界将夏家店上、下层文化划分开主要有两个原因：一是两者距今年限不同；二是两者无论在生产、生活方式还是居住环境的选择上都有一定差异，属于完全不同类型的两种文化。

夏家店下层文化距今 4200～3500 年，因发现于内蒙古赤峰市红山区红庙子镇夏家店乡后面的夏家店山上而得名，已发现发掘属于这一文化时期的遗址面积分布广泛，北起西拉木伦河，东界辽河下游、医巫闾山

一线，南临永定河与海河，西至河北省张家口的壶流河流域。

夏家店下层文化时期的先民生活富足、稳定，手工业发达，使用工具、器物制作精美。主要社会经济形态以农业生产为主,也是距今考古发现农业经济的最北界限,这个界限比起红山文化时期已经向南退缩,充分证明了赤峰史前文化在演变过程中,我们祖先生活的这片区域部分先民由农业生产为主的定居生活逐步转化为以渔牧业生产为主的游牧生活方式,这一变化影响了夏家店下层文化时期的先民居住生态,后期夏家店上层文化时期以游牧为主的生活方式也是由此衍生而来的。

夏家店下层文化时期先民的居住方式也由此前提到的半地穴式居住方式逐步转化为地上居住方式;建筑方式也转化为用石块、土坯堆砌成墙加以草拌泥或白灰涂抹墙面等工艺,提高了房屋的牢固性。居住地点多选择平坦、开阔的地方,便于进行农业生产和管理。

以上两张图片为夏家店下层文化时期先民居住房屋遗址(拍摄于赤峰市松山区三座店乡夏家店下层文化时期遗址)。

备受关注的夏家店下层文化时期的城堡群集中分布在河流沿岸的台地上。仅阴河城堡带就绵延 25 公里,调查发现最大的城邑面积达 10 万平方米以上，中型的城邑面积在 3 万～6 万平方米，小型的城邑面积达 2 万平方米，稍小的面积也有 1 万平方米。三座店、尹家店、池家营子等几处城堡群在建筑结构方面，城壕、城墙、城门、角台、马面俱全，军事防御功能突出，城内人口密集。是典型的与中原地区夏、商并存的"方国"。

这个时期的先民对玉器、石器、陶器、骨器等生活用具的制作工艺也已经高度成熟，并且具有明确的分工。骨器的选料不再像兴隆洼时选用野兽骨头而是选用家畜，主要是为农耕生活服务，此外还有大量制作精良且明显带有军事色彩的骨镞，应该是与战争冲突频发有关。与此同时青铜器制作的萌芽已经产生，由于技术不够成熟青铜器的制作还较为粗糙。

夏家店下层文化时期卜骨

由于系统化的手工业制作已经从农业生产中分离出来，由专人负责，并且随着手工业的发展逐渐出现了剩余产品，由此开始产生了商品交易，意味着原始贸易的兴起。

这个时期的先民生活资源富足，已出现明显的等级分化。原始宗教在小河沿文化时期的基础上也进一步发展，在陆续发掘的下层遗址当中也发现了卜骨。

夏家店下层文化时期更大的一个亮点是一种原始乐器的发现——石磬。

石磬的发现充分证明了当时先民在礼乐制度上有了进一步的完善，已经融入到日常生活当中，对乐理的理解也上升到了一定

上图为石磬

高度,乐器的制作选材方面也在不断的拓展创新中。

　　距今 3500 年左右,受全球气候变化影响,西辽河地区的气候开始向凉干型转变;随之而来的是森林覆盖面积的减少和无树旷原的增多,从而导致本地区的生态环境由复杂生态系统向简单生态系统转变。再加上这个地区大部分土质疏松,长期的开垦和人口的逐年增加导致生态平衡被破坏,地表开始出现沙化。沙地、疏林等自然条件和凉干的气候促成了西辽河地区的经济由农耕为主向游牧为主的转变。同时也是红山文化发展速度减缓的开始。

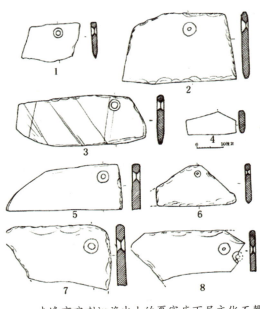

1.韩家窑石磬
2.王家营子石磬
3.大营子石磬
4.大山前石磬
5.下瓦房石磬
6.西府石磬
7.小木营子石磬
8.河南西石磬

赤峰市喀喇沁旗出土的夏家店下层文化石磬

第九节　夏家店上层文化

　　通过上一节的介绍,我们了解了三千年前先民的生活状态。随着对自然界认知的不断进步,先民也逐渐地熟悉和掌握了自然界中更多物质的特性与使用方法,随之而来的是赤峰地区史前先民进入了一个全新的青铜时代,青铜器的高速发展奠定了后来两千年人类生产生活的飞跃进步与文化的快速发展的物质基础。本节内容,就让我们一起走进这个赤峰史前文化史上全新的时代。

　　夏家店上层文化距今 3200～2500 年,发现于 20 世纪 30 年代中叶。60 年代社科院考古所发掘了赤峰药王庙遗址、夏家店遗址,比对了发掘资料中不同地层的差异之处后,正式命名为夏家店上层文化。

　　夏家店上层文化晚于夏家店下层文化、早于战国,大体相当于中原地区纪年法中的商周到战国早期。这一时期的先民主要从事畜牧

业生产,主要生活用具以陶器、青铜器、石器、骨器为主。游牧方式的生活导致这个时期的制陶业逊色于夏家店下层文化时期。然而,这一时期的先民与中原地区和整个亚欧大陆的文化交流更为紧密,突出表现在青铜器的制作工艺上,既采纳了其他地区铸造方式的优点,也有着自己一脉传承的制作特色。技术水平较为进步,装饰性独具特色,文化内涵丰富,具有非常重要的学术研究价值。

仿制陶范剖面图

仿制夏家店上层文化时期青铜器铸造陶范

集中体现夏家店上层文化时期文明发展水平的应该是青铜器。其制作工艺不断提高,甚至在已发掘的青铜器上发现了铭文,为进一步考证这一历史时期的文化价值提供了精准的实证;同时发现在青铜器、骨器上刻画的生活场景也生动再现了当时赤峰先民真实的生产、生活状况。

夏家店上层文化时期狩猎、车马图刻纹骨板
(1963 年内蒙古赤峰市宁城县南山根石椁墓山出土 长 34 厘米)

对出土青铜器的研究考证表明,整个夏家店上层文化时期的青铜已经广泛应用于以车马具、装饰物为主的日常生活用品以及兵器的制作上。并且在赤峰市林西县大井子铜矿发现了原始工棚、矿井、坑道、架梁、采矿、坩埚、鼓风冶炼等一整套生产工序遗迹,是中国北方已发现的最早的远古铜矿。

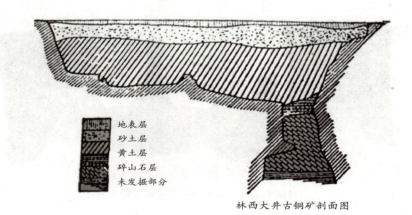

地表层
砂土层
黄土层
碎山石层
未发掘部分

林西大井古铜矿剖面图

林西大井铜矿古采坑遗址

同时，由于生产、生活方式与夏家店下层文化时期的差异，夏家店上层文化时期的先民居住地点也由平坦、开阔的地方迁至山顶或者山腰，这样便于管理饲养的家畜，也可以起到更好的防御作用。

夏家店上、下层文化的区别在于以下几点：

命名：在考古学中，地层分析的依据是在同一遗址的发掘过程中，发现与地表距离越深的地方年限离我们越久远，反之，距离地表越浅离现在年限越近，所以夏家店下层文化要远于夏家店上层文化。

生活、生产方式的区别：夏家店下层文化时期先民主要从事农

内蒙古赤峰市克什克腾旗百岔河地区夏家店文化时期先民所作岩画

耕兼以牧、渔、猎，过着定居的生活。夏家店上层文化时期的先民主要从事畜牧业生产，过着游牧的生活。

陶器制作：夏家店下层文化时期的生活用具主要以陶器为主，青铜器制作处于萌芽期，陶器制作器形规整，品类齐全，十分精美；到了夏家店上层文化时期由于游牧的生活方式，陶器有易碎、不方便携带等诸多弊端，不再像下层文化时期那么实用，制陶业有所退化，发掘出土的陶器多制作粗糙。而青铜器制作技术已经十分成熟，并且与中原和亚欧大陆等地区有着千丝万缕的联系，所反映出的文化交流意义重大。

总之，夏家店上层文化时期相当于中原地区西周、春秋之际，西辽河地区强大的方国一度"边缘化"了，相当长的一段时间内再也不能引领历史发展的潮流。也是从这个时候起，中国逐渐形成了北方游牧文明与中原农耕文明互存并立的局面。夏家店文化之后这个地区出现了古燕国文化、东胡文化、匈奴文化、契丹文化等同中原文化交相辉映的游牧文明。但兴隆洼文化以来红山文化的优秀基因早已渗透进炎黄子孙的血脉里，成为中华文明的传统。

第三章

玉根传**国**脉 彩韵照**汗**青

——赤峰史前文化亮点

　　赤峰史前文化是我国乃至全世界范围内一支重要的考古发现，它将改写原来有关于中华文明起源过程简单粗陋的描述。无论是考古学界新提出的"石器时代—玉器时代—青铜时代"的发展阶段架构，还是"古文化—古城—古国"的演进模式，都深刻认识到了以红山文化为代表的燕山南北、西辽河流域的史前文化在文明起源、国家形成以及整个中华民族形成过程中不可估量的作用和地位。红山文化所反映出来的祭祀制度、丧葬制度、礼仪制度和审美观、哲学观、价值观延续至今，甚至在我们身边还能找到它们的身影。

057

辽宁牛河梁出土的"玉猪龙"　　　　翁牛特旗出土的"C"形黄玉龙

　　"崇龙尚玉"是红山文化最典型的特征之一，也开创了中华文化几千年的传统。国学大师季羡林说："如果说有一种文化能够代表中华文化，那么这种文化就是玉文化！"而玉文化恰恰是红山文化的精髓。

　　红山文化还在不断发展着、丰富着。回顾红山文化的发现、早期的发掘、后来的命名、以及深入研究取得突破性进展的过程，就会知道它始终伴随着我国考古事业前进的步伐，是"田野考古学"萌芽、发展并且取得辉煌成就的一个缩影。我们坚定的相信，随着考古发掘工作的进一步开展，红山文化还将带给世人更多的惊喜。

辽宁牛河梁红山文化时期遗址出土的玉人(距今 5500 年左右)

第一节　赤峰史前文化之最

在考古界对赤峰史前文化不断的发掘和研究工作进程中,红山先民们高度的智慧带给了我们一次又一次的惊叹:现已知最早的玉器——玉玦、最古老的医牙术、最早的骨笛、最早的糜子、最早的蚌壳服饰、最早的占卜用工具——卜骨都出现在这里。

一、兴隆洼出土了全世界迄今为止所知最早的玉耳饰:玉玦

被誉为"华夏第一村"的兴隆洼遗址位于赤峰市敖汉旗宝国吐乡兴隆洼村,分布在牤牛河上游右岸的一座山上。通过对兴隆洼原始聚落房址的发掘和研究,初步了解了东北西辽河流域先民们在距今八千年前的生活状态。明显经过统一规划、布局整齐的房址里摆满了陶罐、陶钵、石铲、石斧、骨器等生活用品,中央有灶,一角上有窖穴。房屋面积较大,平均50～80平方米,其中最大的两座超过140平方米,并位于聚落的中心。

在聚落的117号墓葬内出土了世界上最古老的玉器——玉玦(耳饰)

第三章　玉根传国脉　彩韵照汗青

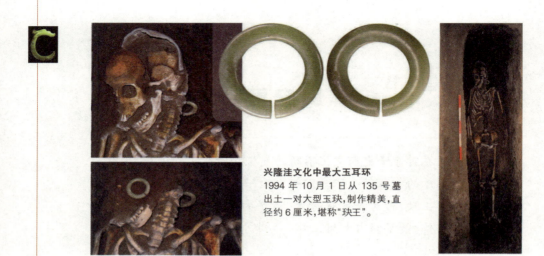

兴隆洼文化中最大玉耳环
1994 年 10 月 1 日从 135 号墓
出土一对大型玉玦,制作精美,直
径约 6 厘米,堪称"玦王"。

兴隆洼遗址玉玦出土现场

060

　　对玉玦和在其他房址或墓葬出土玉器的研究表明,早在 8000 年
前红山先民对玉石的辨别、切割、钻孔、打磨、抛光技术就已达到匪夷
所思的水平。据推测,玉石主要来源于河流两边的滩地上,对石材的
识别能力和加工技术是先民在几千年乃至几十万年的石器制作过程
中不断积累下来的。兴隆洼遗址出土的玉器表明:它绝非氏族成员人
人可以佩戴的一般饰物。正是从这一时期开始,玉被赋予社会意义,
并被等级化了。此时制玉成为特殊的生产部门,另外石制工具的专业
化,制陶技术明显改进,彩陶开始出现等,都说明社会分工已经开始
形成,社会分工的开始就是阶级和国家形成的动力,也是文明进步的
阶梯。

　　另外,兴隆洼遗址出土的玉器也是目前已知最早的玉器,生活在
这片土地上的先民开启了中国玉器文化辉煌灿烂的篇章,同时也为
我们更好的考证中华文明起源以及独特的玉文化提供了有力的实
证。

二、兴隆洼文化发现了最古老的医牙术

不仅玉器的发现让全世界学者瞩目，在接下来的深入研究中，原赤峰学院院长、著名考古专家席永杰先生还在一具出土的头盖骨的下颌骨牙齿上发现了异常情况。在这个下颌骨右侧倒数第二颗牙齿，上下牙均有钻孔，经过席永杰先生潜心研究和论证，证实早在八千年前就已经有了医牙的技术。他们所掌握的治疗原理、方法、手段、技术竟然和现在人没有太大的区别，这个发现改写了中国乃至全世界医疗学的历史！

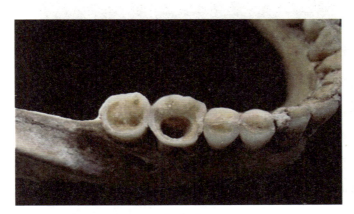

三、全世界已知最早的蚌壳服饰

兴隆洼遗址出土了目前中国最完整的蚌裙服饰，这在同一时期的世界范围内也是罕见的。饰物由蚌壳穿孔后制成，用线穿在衣服上，显得十分古朴、精美。这组服饰的发现

意义重大，它充分说明了先民们的社会分工已经很细，有人可以专门从事采集，有了比较原始的"衣物"，而非先前想象的只能穿"树叶"、"兽皮"，同时也高度反映了先民朴素的审美观。

四、最早的骨笛

兴隆洼文化遗址还出土了目前已知最早的骨笛。对这只骨笛的发现与研究将中国的音乐史推进了三千年,同时表明早在八千年前,我们的祖先就已经认识和掌握了乐理和乐器的制作技术。经过席永杰先生对这支骨笛的潜心研究,并且在红山文化国际论坛、艺术节上

再次奏响,也使我们重新认识了先民丰富的物质生活、精神生活和科技发展水平以及社会形态。

五、最早的糜子——赤峰市敖汉旗是小米的发源地

考古发现证实,世界上几种重要谷物的栽培,如小麦、大麦、稻谷和玉米,都发生在距今 10000～8000 年,粟和黍也不例外。这个前提为我们探索中国北方旱作农业起源设定了时空界限。

苏秉琦先生指出:旧石器时代晚期,以辽河流域为中心这一区域的文化发展走在前列,从而为辽河流域新石器时代文化的前导地位奠定了基础。在人类的历史进程中,由自然条件和技术进步所决定的生产经营方式的多样性和不断发展是导致文化多样性和阶段性的重要因素之一。例如,栽培作物和早期农耕生产的出现就被看作是新石器时代开始的重要标志之一。据此,如果苏秉琦先生的论断是正确的,那么,辽河流域新石器时代文化的前导地位是否也应该体现在生产经营方式上,直截了当地讲辽河流域地区是否有可能就是我们寻找的粟和黍以及以这两种栽培作物为代表的中国北方旱作农业的起源地(或起源地之一),兴隆沟遗址的发掘和浮选工作为我们回答这一问题提供了重要的线索。

2001—2003 年，中国社会科学院考古研究所内蒙古工作队对赤峰市敖汉旗兴隆沟遗址进行了大规模的发掘，发掘区域涉及三个地点，其中第一地点是一处属于兴隆洼文化中期的大型聚落遗址，年代距今 8000～7500 年。第二地点是一处带有长方形环壕的红山文化晚期聚落遗址，年代在距今 5000 年前后。第三地点是一处带有圆形围壕的夏家店下层文化居住遗址，年代距今 4000～3500 年。考古工作人员从兴隆沟遗址的三个地点先后采集了浮选土样约 1500 份，每份样品的土量在 10～20 升。浮选土样经过成分分析，可以从中了解到当时先民日常生活中的食物采集种类和生产加工过程中所遗留的很多重要信息。

在兴隆沟遗址第一地点浮选样品中共发现了各种炭化植物种子一万余粒，绝大多数属于个体较小的草本类植物种子，以杂草类植物居多。第一地点浮选结果中最重要的发现是栽培作物遗存，经鉴定有黍和粟两个品种。炭化黍的籽粒数量较多，近 1500 粒，约占第一地点出土植物种子总数的 15%。炭化粟粒数量很少，仅发现了数十粒，在出土植物种子总数中所占比例微不足道。相对而言，兴隆沟遗址第二地点出土的植物种子数量非常少，总计不到 100 粒，其中以硬果类和鲜果类的植物遗存比较突出，发现的栽培作物也是黍和粟两种，但数量很少。兴隆沟遗址第三地点浮选样品中出土的炭化植物遗存异常丰富，在仅百余份样品中就发现了各种炭化植物种子一万四千余粒，平均每份浮选样品出土植物种子超过 100 粒。第三地点出土的植物种子中，栽培作物的数量占绝大多数，经鉴定有粟、黍和大豆三个品种，合计数量占到了第三地点出土植物种子总数的 99%。很显然，兴隆沟遗址第三地点出土的植物种子是以栽培作物为主。

毫无疑问，兴隆沟遗址第一地点出土的黍和粟是此次发掘工作中最重大的发现之一。第一地点属兴隆洼文化中期遗存，年代在距今

玉根传国脉 彩韵照汗青

8000～7500 年间，从中发现的黍和粟是目前已知的我国北方地区最早的栽培作物。在此之前，学术界公认的我国北方地区最早的栽培作物是河北武安磁山遗址出土的粟的遗存，磁山文化的年代大约在距今 7500～7000 年之间。因此，兴隆沟遗址的发现将我国北方地区栽培作物出现的时间又向前推进了 500～1000 年。需要说明的是，磁山遗址的粟在出土时已完全灰化，无法辨认，种属的鉴定是根据灰像法（即早期的植硅石分析方法）推断而来的。兴隆沟遗址出土的黍和粟是通过科学的浮选方法获得的完整的炭化谷粒，籽粒的形态乃至细部特征保存完好，易于种属鉴定，鉴定结果更为准确可靠。

六、最早的卜骨

卜骨发现于富河文化时期的遗址中，是用鹿和牛的肩胛骨制成的，有明显的灼烧痕迹，却没有钻孔。这些卜骨的出土充分反映了红山先民对当时所处的自然界的认识水平，以及当时的社会分工情况。"巫"已经从其他行业中独立出来，这意味着原始宗教、礼仪、祭祀制度走过萌芽阶段，且有了一定的体系。这是探寻中华文明起源不可或缺的实物材料。

殷商文化时期遗址出土的卜骨，与富河文化时期的卜骨形制大体相同。

首届兴隆洼文化节开幕

首届中国兴隆洼文化节于 2013 年 8 月 15 日在内蒙古赤峰市敖汉旗新惠镇盛大开幕。国家有关部委的相关负责同志与赤峰市党政领导一同出席开幕式。来自市内外的各界嘉宾、客商以及上万名群众现场观看了开幕式演出。

兴隆洼遗址是我国北方地区发现的一处最早的新石器时代遗址，被誉为"全球重要农业文化遗产地"和"横跨亚欧大陆板块农耕文明发源地"。尤其是近期在兴隆沟遗址出土的红山文化整身陶塑人像，再一次证明了敖汉旗是红山文化时期的中心区域之一。

开幕式上，中央电视台《探索·发现》栏目组还在现场举行了《敖汉问祖》专题片的开机仪式。

第二章

玉根传国脉 彩韵照汗青

第二节　　"崇龙尚玉"

　　"飞起玉龙三百万"曾是很流行的一句话,各行各业都在引用,用来描绘红山诸文化"崇龙尚玉"的优良传统是再恰当不过了。红山文化玉龙的出现,是引发学界震动的大事,它证实了中华文明源远流长,远远不止5000千年。

　　我们先回顾一下红山文化中先后出现的"龙"和"玉龙"的形象。根据目前各种公开资料总结如下:最早的龙形态发现于距今8200年左右的兴隆洼文化时期,在其中一座墓葬中发掘出了用石头堆塑的"猪首龙",它的造型总体上呈"C"形,龙首部分用了一具猪的头骨。中央电视台《探索·发现》栏目组在大型专题纪录片《玉根国脉》中曾有过报道。

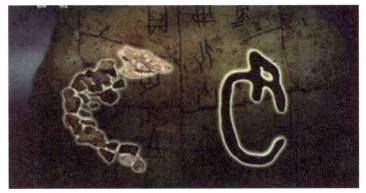

龙形堆塑与甲骨文"龙"字的比对

在辽宁省阜新市查海遗址聚落中心部位的小广场也出土了距今约 8000 年，红褐色、大小均等的石块堆砌的"龙形堆塑"，全长近 20米，宽近 2 米，扬首张口，弯腰弓背，尾部若隐若现，有腾云驾雾之势。龙首、龙身石块堆摆厚密，而尾部石块则较松散。这条石龙是我国迄今为止发现的年代最早、形体最大的"龙"。

辽宁查海遗址石头堆塑"龙"出土现场

查海遗址出土石头堆塑"龙"

考古学上曾把上述两个文化时期命名为"查海—兴隆洼",主要原因就是因为两者时间和特征的高度趋同性。

接下来是在距今7350～6420年的赵宝沟文化时期出土的"三灵尊"上描绘有"群龙"遨游天空的形象,由神鸟(龙)、神鹿、神猪组成的一组龙,呈昂首状、肋生双翅,仿佛在行云布雨。已经是颇具艺术特点、工艺相当成熟的龙的形态。

20世纪70年代在内蒙古赤峰市翁牛特旗三星他拉村发现了"C"形碧玉龙,被誉为"中华第一龙"。

20世纪80年代在牛河梁等红山文化时期遗址发现了三个玉猪龙,且伴随着其他玉器成组的出现;再加上此前不久在辽宁省喀左县东山嘴遗址发掘出的双龙首玉璜,红山文化中最具代表性的元素–玉龙,引起了研究者极大关注。

这些玉龙构思精巧,造型生动,精致传神,静中寓动,风格独特。往往不以博大取胜,而以非凡的艺术魅力服人。古人认为玉是山之阳精,是具有通神功能的圣物;而龙更是沟通天与地、人与神,具有超自然力的

灵物，红山先民把玉和龙两个元素合而为一创造的玉龙形象就这样从源头上孕育出中华文化之树。

　　红山文化玉雕龙以其鲜明的文化特征和极为丰富的文化底蕴，被视为红山文化的象征。与勾云形玉佩、马蹄状玉筒和玉人（神）、玉龟、玉鸟等一起形成了特有的"红山玉文化"。尤其是玉龙一经确认，顿使龙的起源问题成为探索的焦点，进而极大的推进了中华文明起源和中华民族形成问题的研究。

　　龙的演变并未就此止步。几乎与商朝同步的夏家店文化时期出现了制作工艺特别发达的彩绘陶，彩绘题材中就有大量龙纹，也就是后人经常说的"夔龙纹"。研究结果表明，这些花纹用浓浓的朱、白两种颜料绘在黑色光亮的器表上，更加具有神秘色彩。在年代和构图上，与商代青铜器的龙纹也更接近；或可以认为，这就是商代青铜器龙纹的前身。

　　综上所述，红山文化时期的玉龙起源早、类型多、成系列、传承久。龙本身就是通天神兽，再用先民认为有沟通人神特殊作用的玉来制作，玉龙更成为独一无二的"通神之器"。已经高度成熟化、定型化的红山玉龙既突出了玉本身的特点又高度表现了龙的社会功能，并对夏商及后代的龙的演变影响深远。对中华文明起源、中华传统和三皇五帝传说等诸多历史问题的探索意义重大。

延伸阅读

龙文化简述

龙是一种神瑞化和艺术化的形象,被赋予一种变幻莫测、无所不能的力量。近万年来,龙一直不断参与、影响着现实的社会生活,构成我们古老民族在思想意识、典章制度、生活习俗和文化艺术上的一系列特色。龙的性质、作用和功能也在不断的演进、扩展与升华,由原来的"图腾"、"祥瑞"、"星象"进而转化为"天威"、"皇权"、"帝德",以及民族精神等等。到了封建社会时期,龙更是成为帝王的化身和象征,为帝王所专用,龙身上具有的通天、善变、灵异、征瑞、威严等特性则被发挥到极致。从古至今,在中华民族的文化遗产中出现了大量的以龙为题材、为内容、为装饰的文物,中华民族甚至被称为"龙的传人"。龙成为中华民族的标志和象征,起到了凝聚中华民族的作用。有关龙的起源与形成的课题必然成为万众瞩目的焦点。

现代研究成果表明:龙是多元素的巧妙组合,它是民族大融合、大团结、大统一的象征。龙文化覆盖了整个神州大地,形成了民族精神的一个重要组成部分。"龙的传人"是民族凝聚力的代名词。时至今日,从红山玉龙流传下来了几千年的造福众生、与天和谐等精神,时刻激励着炎黄子孙团结凝聚、奋发开拓,不断创造新的辉煌!

第三节　"惟玉为葬"和"惟玉为礼"

　　1986 年 7 月 24 日,中国的新闻界向全世界发布了一条重大考古新闻:"辽宁西部山区发现五千年前大型祭坛、女神庙和积石冢群址。考古学家根据出土文物初步推断,五千年前这里存在过一个具有国家雏形的原始文明社会,这一重大发现使国家形态的形成提前了一千多年。"消息一经传出,众多历史学界、考古学界和艺术界的学者纷纷来到牛河梁这个"五千年前的神秘遗址"进行实地参观考察。

牛河梁红山文化时期遗址鸟瞰图

072

牛河梁红山时期文化遗址第四号墓,随葬玉龙2件、玉箍1件

　　辽宁省牛河梁遗址成了近年来继兴隆洼、那斯台等遗址之后红山文化的又一亮点。早期国家的形成问题和中华文明起源问题在牛河梁遗址特有的坛、冢、庙统一建筑布局上似乎找到了解开迷团的钥匙。巨大的金字塔式建筑让人不由得联想到美洲、非洲的金字塔。这些宏大壮观的建筑群,如果没有一套健全的政权组织是不可能完成的。精雕细琢、巧夺天工的玉器群;数量众多、器形高大奇特、彩绘纹饰丰富神秘的陶器群;造型巨大、形象逼真而神化、雕塑艺术高超的神像群;充分反映了当时社会分工的细化和专业技术的系统化,同时也带给后人无限的震撼。

牛河梁大型积石冢及中心大墓

本节我们要重点介绍的是牛河梁遗址积石冢墓葬"惟玉为葬"、"惟玉为礼"的特色。

积石冢不是普通人的墓葬,而是那些掌握神权、政权的特权阶层的墓葬。

它表明当时的社会阶层已经分化,神权与政权已经结合,甚至出现了一人独尊的现象。而这正是古代国家所具有的特点。红山文化已从最早的"查海—兴隆洼"的聚落时代发展到牛河梁遗址的"方国"时期。

在牛河梁遗址的最南端,有一座"金字塔"式巨型建筑,它与南面的猪首山遥相呼应;猪首山、"金字塔"、女神庙三点一线,成为整个牛河梁遗址群布局的轴心。"金字塔"式建筑是一座小土山,经初步发掘证实,这座土山竟全部是人工夯筑起来的,地上部分夯土堆直径近 40 米,高 16 米,外包巨石;内石圈直径为 60 米,外石圈直径约为 100 米。夯土层次分明,估计总土方量在数十万立方米以上。小土山的形状为圆锥形、小抹顶。上面是用 3 圈石头围砌起来的,每一层石头缩进去 10 米,高度为 1 米,山下面也由 3 圈石头围砌起来。围绕小土山周围的山头上,还发现有 30 多座积石冢群址,整个积石冢群都是圆锥形、大抹顶,和古埃及的金字塔相比,布局是一样的。故考古专家将其称为中国的"金字塔"。当初发现这座"金字塔"时,山上到处散布着带有红山文化特征的"之"字纹彩陶片和冶铜坩埚片。"金字塔"顶部是炼铜遗址,有 1500 个炼红铜的坩埚,每个坩埚约 0.33 米,锅口约有 0.3 米,像现代人用的水桶一般大小。对于这座"金字塔"式建筑物的用途,目前学者们说法不一:有人认为这可能是辽西原始文明古国用以祭天的坛,也有人认为是当时王者的陵墓,还有人推测与神话传说中的女娲有关,原赤峰学院历史系主任田广林教授则认为它是古人封禅制度起源期的"社"。

女神庙位于牛河梁主梁北山丘顶平台上,平台南北最长 175 米、东西最宽 159 米,女神庙位于平台南侧 18 米。庙由一个多室、一个单室两组建筑物构成,多室在北,为主体建筑,单室在南,为附属建筑。值得一提的是,女神的眼球是用晶莹碧绿的圆形玉球镶嵌而成的,显得双目炯炯,神采飞扬。从其他出土的塑像残块,如那些因年龄差异而发育程度不同的乳房、圆润的肩膀、肉质感极强的修长手指来看,牛河梁遗址曾是一个女神成排、庄严肃穆、气韵生动的艺术宝库。现在陈列在牛河梁遗址考古工作站展室的女神头像,其面部为朱红色,两颧突起,圆额头,扁鼻梁,尖下巴,是典型的蒙古利亚人种,与现代华北人的脸型接近。

牛河梁红山文化时期遗址出土的泥塑女神面像

牛河梁遗址女神庙全貌

076

　　在牛河梁遗址发掘的墓葬显示，古人对玉器的重视在埋葬制度上也有典型反映，集中表现为只葬玉器而排斥其他。即"惟玉为葬"和"惟玉为礼"。

　　古人"视死如生"，墓里要随葬各种生活用品，如死者生前使用过的武器、生产工具及装饰品等，以备在另一个世界里使用。在牛河梁遗址之前发掘的各类史前文化的墓葬里，发现的陪葬品还有陶器、纺轮、石器、骨器、蚌壳、兽牙等，种类繁杂、形制丰富。但在此处，其他"俗物"统统不见。宁愿只随葬一件玉器，也决不用其他陶、石、骨器来充数，表现出强烈的排他性。一些中心大墓往往随葬玉器5件以上，最多的达到20件。红山文化时期"惟玉为葬"之礼已经形成。

　　红山先民们怀着极为虔诚的信仰，凭着简陋的工具，雕琢出精美绝伦的"神器"。他们深信这些玉雕动物、玉筒、玉牌和变幻的线条具有神奇的魔力。

红山文化时期诸多遗址发掘出土的玉器群也震惊了全世界。

第四节 红山文化时期的陶器

现在,我们日常使用的锅碗瓢盆有不锈钢的,有塑料的,有陶瓷的,有铝合金的,有竹木的……可谓形形色色;但是在红山先民时代,他们的日常生活中主要用什么质地的器物呢?

陶器在考古研究过程中是不可或缺的重要依据,考古学家从器型的演变到纹饰关系,以及彩绘装饰上都可以考证出不同地域、不同文化时期的相互影响和传承过程,能够充分反映出当时先民的原始宗教、等级分化、信奉图腾、生产和生活状况,以及精神生活上对美和艺术的追求。

陶器的出现目前已知可追溯到距今一万年左右,陶器也是继石器之后早期人类在自然环境中使用的又一重要的生产、生活工具,陶器的出现源于一百多万年来人类对火的使用,在此过程中先民发现泥土经过一定的温度烧制可以变得很硬,可塑性也很强,就慢慢研究制作出了最原始的陶器。从质地上看,原始陶器经历了由夹砂陶到细泥陶的漫长演化,装饰上由早期的素陶到彩陶和后来的彩绘陶。早期原

始陶器制作得很厚重,选料也十分随意,繁杂的泥土中夹杂着大量沙子和各种矿物质。这点充分反映出了当时先民还没有完全掌握泥土的特性,但这恰恰为日后金属冶炼技术的发现奠定了基础。在陶器的烧制过程中由于选料不够严谨,难免掺杂进一些天然的地表遗存的

矿物质元素，它们中间包含一定的金属，在陶器的烧制过程中先民们逐渐发现这些矿物质的特殊性，并经过几千年的经验积累，到了距今3500～4000年时逐渐掌握了对这些物质的应用，从而产生了原始的冶炼技术。

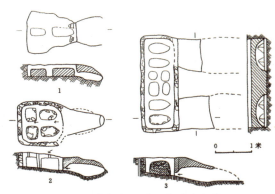

1、2 为单室窑 3 为双火膛连室窑

红山文化窑址平、剖面图

　　早期陶器的制作过程首先是将泥土调整好粘稠度，最为常用的手法是制作成细长的泥条，一圈一圈的堆塑成需要的形状，然后用手或工具压实，晾晒成坯再加以烧制。制作工艺相对简单，易于操作，这也是陶器能被广泛使用的一个重要原因。在晾晒陶坯和烧制的过程中陶器底部往往垫有编织物，遗留下的织物压痕也将人类使用编织物的历史推进至近万年。

　　在出土这些陶器的遗址中还发现了大量人物造型的陶塑像，充分反映出当时先民高度发达的文明程度。

　　在红山文化的发展传承中心地区赤峰市，已知发现最早的陶器产生于距今8500年左右的小河西文化时期。随着烧制经验的积累以及社会的进步发展，到了距今8000年左右的兴隆洼文化时期陶器的制作已经趋于成熟化、系统化。发展到距今7000年左右的赵宝沟文化时期陶器的制作工艺已经十分成熟,陆续出现了动物造型陶器和点缀着动物纹饰及抽象构图较繁复的陶器。充分反映了当时先民高度发达的精神文化生活。在赵宝沟文化时期之后距今 5500 年左右的红山文化时期,人类文明迎来了一个新的顶峰,红山先民掌握了彩陶的制作技术,用自然界中的不同矿物质点缀于陶器表面,使陶器的精美程度上升到了一个新的高度。

敖汉兴隆沟遗址出土陶塑人像

红山文化时期绘制彩陶色彩原料

080

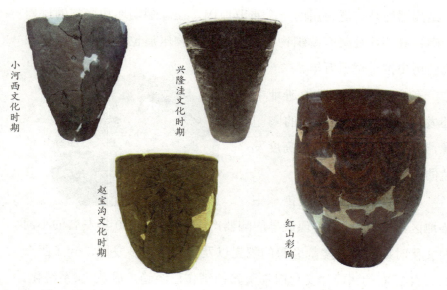

小河西文化时期

兴隆洼文化时期

赵宝沟文化时期

红山彩陶

不同时期陶器展示图

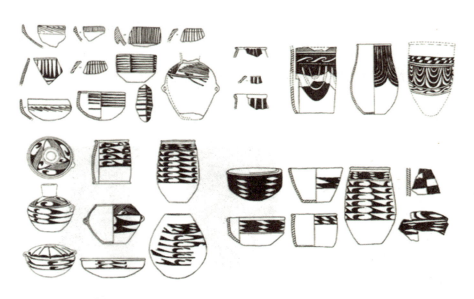

红山文化时期常见、典型的彩陶纹饰

红山文化时期的陶器以红陶黑彩最为典型，个别带有黄色饰彩。主要点缀纹饰为叠弧形纹饰、网格纹饰、勾旋纹饰等几何图形。

彩陶的烧制技术发展到距今4000年左右的小河沿文化时期出现了以红、黄、白、黑四种颜色为主要用色的绘制方式，同时还出现了以动物造型陶罐结合色彩的艺术表现手法，所制作的器物十分精美，栩栩如生，在史前陶器发展史上增添了光辉的一笔。

小河沿文化时期猪首彩陶罐

小河沿文化时期鸟型彩陶罐

继小河沿文化时期之后辽西地区进入了青铜时代,也就是距今4200～2000年的夏家店下、上层文化时期。这个时期由于青铜器的出现和生产力的飞跃式提高,使陶器的制作工艺发生了巨大变化:造型与点缀纹饰更加繁复,烧制温度提高,已经使用陶轮修整器形。主要特征是由早期的"彩陶"形式转化为了"彩绘陶"的制作方式。在夏家店上、下层文化时期之前使用带有颜色装饰的陶器被称为彩陶,绘制方式基本像中国传统的水墨丹青一样以淡淡的彩色颜料画在陶器上作为点缀;而夏家店上、下层文化时期出现的彩绘陶绘画方式更像西方的油画,以重彩堆塑在陶器表面,立体感更为强烈。到目前为止,这种古老神奇的彩绘技术现代人依然无法参透。

红山文化时期彩陶　夏家店文化时期彩绘陶

东方文明的新曙光

在辽宁省凌源、喀左、建平三市、县交界处,为距今约 5000 多年的大型祭坛、女神庙和积石冢群址,其布局和性质与北京的天坛、太庙和十三陵相似。5000 年前,这里存在着一个具有国家雏形的原始文明社会。这一重大发现把中国古代史的研究从黄河流域扩大到燕山以北的西辽河流域,并将中华文明史提前了 1000 多年。这一考古新成果对中国上古时代社会发展史、思想史、宗教史、建筑史、美术史的研究产生巨大影响,在遗址出土的文物中,以女神头像最为珍贵。在此遗址中出土的玉雕猪龙、玉雕鸮

鸟(猫头鹰)等玉器造型古朴传神,令人叹为观止。牛河梁红山文化遗址群的发现,充分证实了 5500 多年前那里曾存在着一个具有国家雏形的原始社会。牛河梁红山文化遗址群被评为"中国 20 世纪 100 项考古重大发现"之一,它的发现在中国考古学史上具有重要的地位和作用,同时具有重大的科学价值和意义,被誉为"东方文明的新曙光"。

苏秉琦先生提出的古代国家起源的三部曲

1994 年,苏秉琦先生在《国家的起源与民族文化传统》中提出了古代中国国家起源的三部曲和发展模式的三类型。

国家起源的三部曲是:古国—方国—帝国。

第二章

玉根传国脉 彩韵照汗青

发展模式的三类型是：原生型—次生型—续生型。

北方地区的红山文化、夏家店下层文化、6000～4000年前古秦是原生型；尧舜时期和夏商周是典型的次生型；北方草原民族于秦汉后入主中原的鲜卑、契丹乃至女真建立的清朝是典型的续生型。

关于古国时代，可以从"古文化、古城、古国"概念的提出谈起。

"古文化"、"古城"、"古国"这三个概念，分开来看不是新课题。它们的提出可以追溯到1975年，当时提出应当把"古城"、"古国"当作文物保护重点的原则。提出这样的原则是因为从多年实际工作看，古城址往往埋藏很浅，高平低垫，很容易就被破坏，一重要，二难保护。当时这一提法主要指历史时期的大遗址（古城址），现在看来，应该把史前时期的大遗址也作为重点，即把"古城、古国"与"古文化"联系起来。那么，"古文化"、"古城"、"古国"的特定含义是什么呢？

"古文化"指原始文化。"古城"指城乡最初分化意义上的城和镇，而不是专指特定含义的城市。"古国"指高于部落之上、稳定、独立的政治实体（还有学者称其为超部落联盟）。三者从逻辑的、历史的、发展的关系联系起来理解的新概念是：与社会分工、社会关系分化相应的，区别于一般村落的中心遗址、墓地，在原始社会后期距今四五千年间或五千年前的若干个地点都已涌现出来，所以应该把原始文化（或史前文化）和"古城"、"古国"联系起来的那一部分大的中心聚落加以突出，作为考古发掘研究和保护的重点。可见，"古文化、古城、古国"的提法是把考古学文化区系类型理论转化为实践的中心环节。

"古文化、古城、古国"的概念最先是从辽西地区的红山文化研究工作提出来的。地处渤海湾西岸，包括京津地区在内的这片燕山南北地带，即考古学文化区系中的辽西古文化区，在《禹贡》"九州"的记载里，属九州之首的冀州范围，这一地区源于西辽河流域的红山文化前身曾有两个支系,其一是产生"之"字纹压印纹筒形罐的母体查海类型,其二是产生蓖纹压印纹筒形罐的母体兴隆洼类型。二者曾经先后两次发生聚变产生两个新的支系:其一是以包含刻画麟和龙纹罐为突出特征的赵宝沟文化,主要分布于老哈河与大凌河之间的教来河和孟克河流域;其二是以包含鳞纹彩陶为其突出特征的红山文化的一支,以老哈河流域为中心。红山文化的另一支则以大凌河流域为中心,以连续简化玫瑰花图案为主要特征。它们之间的共同特征是"之"字纹筒形罐都包括了从无到有到消失的发展全过程。它们在技术工艺发展道路上走的是共同道路,与主要分布在西拉木伦河以北的富河文化以及辽东的新乐、后洼遗址的"之"字纹筒形罐有差别。

在史前时代,这里的社会发展曾居于领先地位。邻近的河北与山西两省之间已找到了万年以前的陶器。跟今七八千年前的阜新查海和赤峰地区兴隆洼遗址反映的社会发展已到了氏族向国家进化的转折点,所以文明起步超过万年。特别是查海、兴隆洼遗址都发现了选用真玉精制的玉器,它绝非氏族成员人人可以佩戴的一般饰物。正是从这时期起,玉已被赋予社会意义,被人格化了。制玉成为特殊的生产部门,石制工艺的专业化、制陶技术明显改进,彩陶开始出现等,都说明社会大分工已经开始形成,社会大分化已经开始。距今 6000 年前的赵宝沟文化,以小山遗址那件刻有猪龙、凤鸟和以鹿为原型的完整的黑陶尊为代表,充分说明社会分化已很明显。属于红山文化区范围的其他同时代的古文化中,如北京上宅、辽宁东沟后洼遗址也都发现了类似的反映社会分化的一整套"艺术神器"。而在中原,最早的"艺术神器"是河南濮阳西水坡的龙虎造型的蚌壳堆塑,但它的年代距今约 6000 年,要比红山文化晚一步。

牛河梁遗址群总体布局

就是在这样一个地域广阔而又在发生剧烈社会变革的历史大背景下,红山文化在距今5000年以前,率先跨入古国阶段。以祭坛、女神庙、积石冢群和成批成套的玉质礼器为标志,出现了早到5000年前的,反映原始公社氏族部落制的发展已达到产生基于公社又凌驾于公社之上的高一级的组织形式,即早期城邦式的原始国家已经产生。而与此同时代的中原地区,迄今还未发现能与红山文化坛、庙、冢和成批成套玉礼器(玉龙、玉龟、玉兽形器)相匹敌的文明遗迹。"古文化、古城、古国"这一历史过程在燕山南北地区比中原地区看得清楚得多,而且先行一步。

北方区系里红山文化区内的夏家店下层文化是方国阶段的又一典型代表,不仅本身方国的特点显著,而且它在红山文化之后出现,又为燕、秦所继承,"古国—方国—帝国"的发展过程也看得更为具体。

继红山文化后期率先进入古国时代之后,是距今4000年前在辽西地区崛起的夏家店下层文化,已是相当成熟的、独霸一方的"方国"。夏家店下层文化分布在内蒙古、辽宁、河北三省区的邻境地带，包括京津。它北以西拉木伦河为界，南以永定河为界，中心范围在燕山北侧。敖汉大甸子遗址发现的 800 多座夏家店下层文化墓葬所出彩绘陶器已具有礼器性质，与青铜器同样重要；还有铜权杖首，仿铜器的陶爵、陶鬶、成组玉器，反映出了社会等级、礼制的完全形成，青铜文化的高度发达和与中原夏文化的直接来往。而且夏家店文化时期无论是星罗棋布的城堡群还是在边缘地带连成一串的小城堡，都不是为了保护一座城，而是大范围的防卫，是国家的集体防御。同时在交通要道必设关卡，这些只有国家规模的前提下才有条件设立，即夏家店城堡绝不是单个城邦式的国家，而是凌驾于若干早期国家之上称霸一方的"方国"，夏家店文化区是盛极一时，能与夏王国相媲美的大国。

总之，从史前文明主要形态的"古文化"，到城乡最初分化意义上的"古城"，发展到高于部落的、稳定的、独立的国家——在赤峰史前系列文化的发展演变过程中全部体现出来。

第四章

与时代同行 开创新天地

——红山文化研究的新进展

088

　　红山文化的发现和命名经过，不断深入研究并取得重大突破的过程恰恰是我国考古工作的一个缩影。相信随着考古工作的进一步展开，红山文化还将带给我们更多的惊喜。红山文化注定是不断发展的，它的许多未解之迷也一定会在将来的深入研究中给世界全新的认识。

　　20世纪七八十年代的文物大普查过程中涌现了东山嘴遗址、兴隆洼遗址、白音长汗遗址、牛河梁遗址、那斯台遗址、夏家店文化遗存等重要的红山文化分布点，使我们对红山文化的整体面貌有了清楚认识，理论水平也产生了飞跃性的变化。在蒙东辽西这片神奇的土地上，当大自然打开它掩藏多年的历史之门时，祖先用智慧和汗水结晶成的高度发达的文明展现在世人面前，让我们感到无比惊叹并充满敬畏。

　　2009年，在修建赤朝高速公路的过程中，发现了二道井子遗址；

2010 年又发掘了魏家窝铺遗址;2013 年,在喀喇沁旗西桥乡发现了战国时期贵族墓葬群。邵国田指出,仅敖汉旗就已发现有 500 多处红山文化遗址,平均每 16 平方公里就有一处,是目前已知的红山文化遗址分布密度最高的地方。红山文化遗址像天空中闪耀的明星,散落在老哈河、西辽河到大凌河流域这片辽阔的土地上。

这一章里,我们就简明扼要的介绍几处新考古发掘的红山文化时期具有代表性的遗址。

第一节　　辉煌那斯台

　　我们前面介绍的牛河梁遗址是红山文化诸多遗址中较有代表性的,惊美之余不禁思考:在红山文化所涵盖的范围内西拉木伦河流域等众多河流支脉是否也存在着相似的文化遗址? 考古实践证明,在这片神奇的土地上还拥有着众多与牛河梁红山文化时期遗址类似的遗址。1982 年,对那斯台遗址的全面清理再次吸引了全世界的瞩目。

　　那斯台遗址位于内蒙古赤峰市巴林右旗那斯台。1977 年那斯台兴修水利工程,施工工人上交了一些完整的石器;原巴林左旗博物馆馆长韩仁信先生到此遗址考察时, 发现了一些陶片还有一件残破的石人。随后翁牛特旗博物馆馆长王志富以 5 元的价格征集到一件玉雕龙,据考察也出自那斯台。从此,那斯台引起考古界的关注。随后郭大顺、杨虎等诸多国内专家先后到此遗址考察,据调查报告介绍,该遗址地处西拉木伦河支流查干沐伦河西岸的高台地上, 南距西拉木伦河约 14 公里,中间被一个宽约 20 米的马兰沟隔断,分成东西两个部分。东部是台地,因受破坏扰乱,陶片、石器随处散落于整个台地。在东北侧斜坡上清晰可见七八处窑址, 有的地段发现有土垒和沟壕的痕迹。在遗址西部,文化层保存较好,有房址和灰坑,房址有圆形、正方形和长方形。整个遗址东西长约 1500 米,南北宽约 1000 米,总暴露面积在 150 万平方米左右。在此征集、采集到了大量新石器时代遗物,有陶器、石器、骨器、蚌器、石雕、玉器等,其中出土的玉器独具特色。

图中圆点处即为遗址所在地,下方河流即西拉木伦河

那斯台遗址调查过程中共采集、征集到红山文化玉器近百件,成为西拉木伦河北部出土红山文化玉器数量最多的一个遗址。以红山文化遗存为主,同时包含少量兴隆洼文化和赵宝沟文化遗存。发现抹有白灰面的房址及围壕残段,应是红山文化时期高规格的中心性居住遗址之一。那斯台玉器群特征显著,尤以动物造型的玉器最具代表性,有些器型在其他红山文化遗址中至今未见。尽管这批玉器的原始出土位置已无法考证,但从调查结果看,能够明确是出自居住址内,与牛河梁玉器出自墓葬内的现象形成鲜明的对比,也为了解红山文化玉器的区域性差异提供了实证。那斯台遗址所出的玉猪龙、玉鸮、玉蚕等器型都是选用透闪石玉精细雕琢而成,造型生动,极富神韵,均为红山文化玉器群中的上乘之作。

那斯台遗址出土玉器与牛河梁遗址出土玉器有共性特点,主要体现在以下几个方面:

一、类型相同的玉器

红山文化玉器依据造型特点和使用功能分为人物类,动物类、仿工具类、装饰类、特殊类等五大类。牛河梁遗址出土玉器五类俱全;那斯台遗址玉器有动物类、仿工具类、装饰类、特殊类等四大类,却无人物类。

二、题材和造型风格一致的玉器

在两个遗址出土的玉器中,题材和造型风格一致的玉器有玉猪龙、勾云形器、半圆形玉珠等。那斯台遗址出土的玉猪龙与牛河梁遗址出土的两件玉猪龙皆为圆雕,体蜷曲如环,头部为猪首、大耳、圆眼、吻部前凸,面部多有皱纹,体光素无纹,背上有一个对穿孔。

那斯台遗址出土的勾云形器与牛河梁遗址出土的 3 件勾云形器均为片雕,平板状,外廓为长方形,器体两侧有左右对称、上下平行向

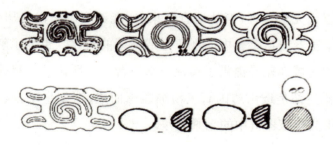

外伸展的勾角，中部为勾云状镂空。正面磨出与器体形制相应的凹槽，背面多无纹饰。

那斯台遗址出土的半圆形玉珠与牛河梁遗址出土的半圆形玉珠形制相同，平底处斜向对钻一孔。此类玉珠那斯台遗址共计出土 54 件，而牛河梁遗址仅出土 1 件。

三、题材相同、造型有差异的玉器

两个遗址出土题材相同的玉器有玉鸟、玉蚕，但器物造型存在差异。那斯台遗址出土的玉鸟、玉蚕造型生动传神；牛河梁遗址出土的玉鸟、玉蚕造型简约质朴。那斯台采集的玉鸟一件为圆雕，作展翅状，背面有斜钻对穿孔，形象生动；另一件为玦形，造型独特。而牛河梁遗址出土的两件玉鸟，一件为圆雕，鼓脊宽尾，呈束羽状，背面有斜钻对穿孔；另一件为片雕，宽 3.3 厘米，为简化的鸟形。那斯台遗址出土玉蚕 4 件，分两式，形制相同，均为圆柱体，头部刻画精细，体刻有凸线纹。牛河梁遗址仅出土 1 件，形似蚕蛹，长 6.1 厘米，整体近扁圆横柱状，一端略有收回，另一端平齐。弧背，平底，中间背部有四道凹槽，造型简约。

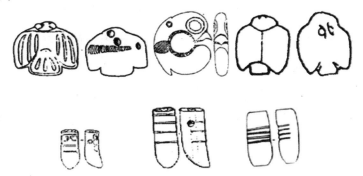

四、造型风格类似、题材存在差异的玉器

两个遗址都出土了造型风格类似的玉三孔器，但雕琢的题材却

不同。那斯台出土的是一件三联玉壁。而牛河梁遗址出土的是双猪首三孔器和双人首三孔器。双猪首三孔器呈长方体，器长 8.9 厘米、宽 2.6 厘米。器体两端各雕刻猪首，大耳、长脸、噘嘴，形象生动，中间钻有三个直径为 1.9 厘米的圆孔，下面有四个漏斗状小孔，另一件是双人首三孔器，长 6.8 厘米、高 3.1 厘米、厚约 2 厘米，器身有三个圆孔，孔径 1.5 厘米。上端为弧拱形，下端平直呈托座状，侧面下沿在三个圆孔下各横钻一个小孔。器两端各雕一人首，面容略有不同。此类三孔器是红山文化玉器中一个独特的器形。

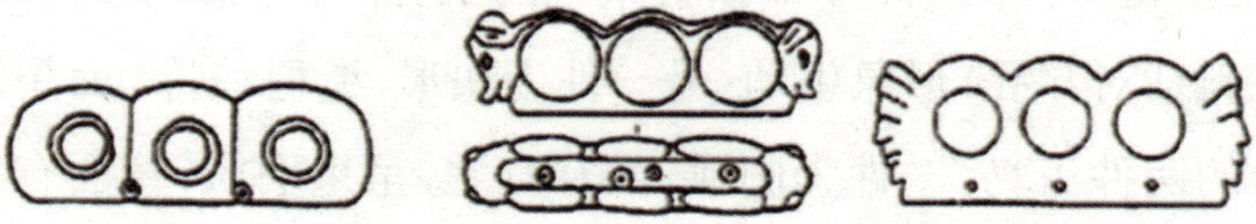

1　　　2　　　3

造型风格相同、题材存在差异的玉器

1.那斯台三联壁　2.牛河梁双猪首三孔器　3.牛河梁双人首三孔器

五、玉器雕琢工艺、技法一致

那斯台遗址出土玉器的雕琢工艺和技法与牛河梁遗址出土玉器的雕琢工艺和技法相同。例如，那斯台遗址出土的圆雕玉器有玉猪龙、玉蚕、玉鸟等，形象生动；片雕玉器以三联壁、勾云形器为代表，均为薄片状。钻孔技术娴熟，依据器形和玉器佩戴的需要使用两面对钻、单面直钻、两侧斜钻等多种方法，玉器纹饰主要有阴刻直线、弧线、凸线纹等。阴线刻画玉猪龙头部的眼、嘴、鼻，凸线纹刻画玉蚕的背部、鸟的羽翅等。在勾云形器的中部使用了透雕镂空技术。无纹饰的玉器通体磨光，施纹玉器未刻画纹饰部分均磨制得润泽光洁。

六、玉器使用的工料相同

目前，地矿、考古、文博、历史等学科的专家对辽西和内蒙古东南部出土的史前时期玉器进行分析研究，并且对该地区的玉矿分布情况进行了实地考察，结果迄今未在辽西及内蒙古东南部找到闪石玉矿。有人认为该地区出土的史前玉器使用的玉料不是来自当地，而是在辽东的岫岩县，并且多数玉器使用的玉料是透闪石软玉。同时，他们对那斯台遗址出土的部分玉器进行检测分析。据已公布的资料显示，红山文化时期玉器选用的玉料以透闪石软玉为主，那斯台遗址和牛河梁遗址出土的玉器也不例外。

从文化属性上看，那斯台遗址出土的玉器在种类、题材、造型、工艺等方面与牛河梁遗址考古发掘出土的玉器具有共性特点，使用的玉料大部分为透闪石软玉，与辽海地区出土的新石器时代玉器使用的玉料相似。同时，在该遗址还征集、采集到新石器时代的遗物，主要有陶器、石器、骨器、蚌器、石雕等，这些器物具有红山文化时期的特点和风格。因此，那斯台遗址出土的玉器无疑属于红山文化时期。

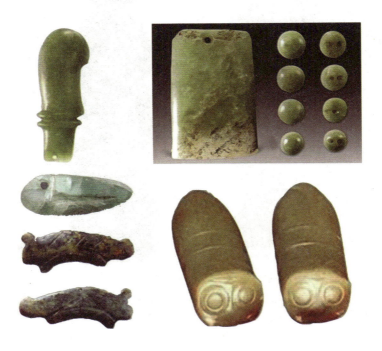

从地域分布看,牛河梁遗址位于辽西大凌河、小凌河流域,那斯台遗址位于内蒙古东部的西拉木伦河北岸,两个遗址地理位置距离甚远,但均在红山文化分布区内。同时,两遗址出土的玉器又具有共性特点,这充分说明在红山文化时期从大凌河、小凌河流域到西拉木伦河流域都有尚玉、制玉、用玉的传统,玉文化是红山文化的重要组成部分。从出土玉器的数量看,据统计,目前有明确地点的发掘出土和采集、征集的红山文化玉器有数百件,而在那斯台遗址征集、采集的玉器有一百多件,占其中的三分之一,是目前西拉木伦河以北红山文化遗址中出土玉器最多、最集中的一个文化遗址。那斯台遗址出土的玉器为研究红山玉文化提供了宝贵的资料。

096

那斯台遗址出土的玉器、石人

红山文化玉器的研究价值

红山文化玉器的发现和研究在中国玉文化史上占据着十分重要的位置,主要体现在以下三个方面:第一,以红山文化玉器为代表,西辽河流域史前玉文化的发展进入鼎盛期,由此确立该地区与长江下游地区环太湖流域(以良渚文化为代表)并列成为中国史前时期两大雕琢和使用玉器中心之一。第二,距今5500～5000年的红山文化晚期,西辽河流域史前社会发生重大变革,人口迅猛增长,生产力水平显著提高,手工业分化加剧,出现等级分化,神权与王权合二为一的社会管理模式确立,红山文化晚期已步入初级文明社会。牛河梁和那斯台等遗址所出土的红山文化玉器应被视为中华五千年文明的重要象征和核心物质载体。第三,红山文化玉器的雕琢工艺和用玉制度对夏、商、周三代及后世玉器产生了广泛而深远的影响。在陕西、山西、河南等地所发现的两周时期的贵族墓葬中经常发现红山文化风格的玉器,应视为红山文化玉器内涵延续和价值传递的重要表现。这里需要指出,C形玉龙和玉猪龙是红山先民的伟大创举,为中华龙的起源和崇龙礼俗的形成奠定了深厚的文化根基。

著名考古学家苏秉琦先生1986年10月5日在辽宁兴城座谈会上的讲话中明确指出:"从现在起到本世纪末下世纪初,我们这个学科奋斗的目标,可以概括为:第一是复原中华五千年文明古国历史的本来面貌;第二是复原中华民族历史在世界史上的地位,改变传统编写世界史的内容,为振兴中华、为世界的进步作出贡献"。从中国考古学发展的态势看,苏先生的论断具有令人信服的科学前瞻性。同时也应看到,伴随史前玉器出土数量的日益增多,玉器和玉文化的研究也得到了学术界的高度重视,研究方法日臻完善,各类研究成果不断涌现,在实现苏先生所提出的学科奋斗的两个目标过程中,玉器和玉文化的研究显然占据不可替代的位置。

2008年,在中华文明探源工程第二期项目中,红山文化玉器工艺被纳入其中,对内蒙古和辽宁境内出土和馆藏的红山文化玉器进行了系统研究,逐件多角度拍摄,真正领略到红山文化玉器工艺的复杂性及高超的艺术水准,令人叹为观止,邓聪教授曾用"鬼斧神工"四个字来形容和概括红山先民的玉雕创举。与此同时,我们深深感到巴林右旗所出土的史前玉器对兴隆洼文化和红山文化玉器研究的重要价值,进一步印证西拉木伦河北部的广阔草原也是孕育红山文化崛起的核心区域,在今后开展田野考古工作和综合研究中应予以足够重视。

红山文化时期玉神人像
高14.6厘米
宽6厘米
厚4.1厘米
现存于故宫博物院

第二节　现存最完整、规模庞大的
红山文化聚落——魏家窝铺

　　2008年5月份，赤峰市红山区文物管理所与赤峰学院历史系积极配合参与第三次全国文物普查工作，普查人员在赤峰市红山区文钟镇魏家窝铺村附近发现一处红山文化中型聚落遗址。这一重大考古发现为赤峰地区考古工作增添了一个新的方向。

　　2009 年 7 月 19 日，经国家文物局批准，由内蒙古考古研究所和吉林大学考古专业部分师生联合组成的考古队，开始对赤峰市红山区魏家窝铺红山文化聚落遗址进行正式发掘。

　　据了解，内蒙古文物考古研究所对赤峰魏家窝铺红山文化聚落遗址进行勘探后，确认此遗址总面积为 93000 平方米，共有 59 个遗

迹单位,保存较好。

魏家窝铺遗址的发掘有助于对红山文化时期的社会结构、生产力水平、历史面貌等有更加深入的了解,更有助于推进西辽河上游文明进程的研究,有望填补学术界对红山文化

图中A处即遗址位置示意

遗址聚落及布局缺失环节等方面研究上的空白。

2007年9月份的时候,中美联合赤峰考古调查队曾在发现地附近进行过一次全面性调查,但由于人手有限等因素制约,当时的考古队调查人员未能发现魏家窝铺红山文化聚落遗址,导致魏家窝铺红山文化聚落遗址晚发现近一年。

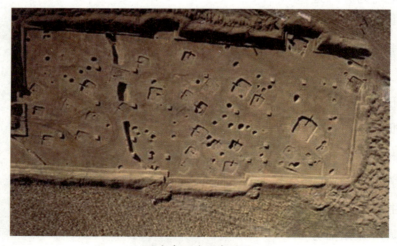

魏家窝铺遗址鸟瞰图

这处遗址的发现,有其偶然性,也有其必然性。

说其偶然,是因为遗址发现地以前是一片荒山,2008年春天才由承包人耕种。由于在耕种时使用了翻转犁,犁尖刚好将遗址上层的陶

片翻到地表。而这些陶片刚好为红山区第三次全国文物普查第二组的普查人员采集标本提供了最直接的信息，为进一步确认遗址的学术价值提供了最有力的证据。

说其必然，原赤峰学院历史系副主任王惠德副教授认为"得益于普查工作做得细"。在第三次全国文物普查工作进行之前，赤峰市红山区对普查队员先进行了严格培训。正式工作后，为达到精细工作的目的，每个普查组每天工作范围大致在 2 平方公里。同时要求各组普

查人员对采集到的标本每日进行清理登记。值得一提的是，由于各组组长都对赤峰地区各时代的文物研究具有一定造诣，遇到重大发现基本能"一眼定性"，也使得这处红山文化聚落遗址发现后被迅速确定学术价值。

在魏家窝铺发现陶片标本后，普查人员在第一时间对遗址的性质进行了初步确认，经专家组进一步确认后及时上报内蒙古自治区考古所和国家文物局。确切发现时间为 2008 年 5 月 18 日，巧合的是，这一天是国际博物馆日。

6 月 15 日，应赤峰市红山区文化局的邀请，中国社科院考古研究所副

魏家窝铺出土的垂叠纹彩陶罐

101

研究员、内蒙古工作一队队长刘国祥到达红山区文钟镇三家村,对新发现的红山文化聚落遗址进行实地踏查、论证。通过对地表遗物和周围环境的分析,认为该遗址是一处中小型红山文化聚落址,具有很高的研究价值。

2008年10月8日,赤峰市红山区专门召开会议,研究进一步加强遗址保护工作。

对于红山文化聚落遗址,原赤峰学院历史系副主任王惠德有自己的见解:红山文化的发现,如果从鸟居龙藏进入喀喇沁崇政学堂教书,并在赤峰地区进行人类学调查时算起,到2008年正好是100年;从1954年中国科学院历史研究所副所长兼考古研究所副所长、著名考古学家、历史学家尹达先生在其专著《中国新石器时代》一书中,发表《关于赤峰红山后的新石器时代遗址》一文,正式将以红山后遗址为代表的考古学文化命名为红山文化至今,也已经有54年。20个世纪70年代末到80年代初,辽宁西部地区的文物考古工作取得重大突破,特别是牛河梁红山文化时期女神庙和积石冢的发现,把红山文化研究推向新的高峰,同时由于辽宁省不断加大对红山文化遗址的发掘、保护,特别是宣传力度,外界渐渐忘却了红山文化的命名地——赤峰。在考古和历史学界掀起的红山文化研究热潮中,赤峰作为红山文化的命名地反而受到冷落。这种尴尬局面,终于在2008年5月因为魏家窝铺红山文化聚落遗址的发现获得突破。

新发现的魏家窝铺红山文化聚落遗址规模较大、内容丰富,加之这处遗址与城区距离不足20公里,是赤峰市红山区城区附近非常难得的历史文化资源,对赤峰市城区人文旅游资源的开发利用具有重大意义,也是宣传展示赤峰地区辉煌灿烂历史文化的理想场所之一。

令考古人员感到意外的是,这处遗址出土的陶器中不仅有红山文化时期流行的平底器,还有后岗一期文化时期多见的圆底器、有足

102

器;在夹砂陶器中除了发现以筒形罐为代表的无沿类陶器外,还发现了以釜为代表的宽折沿类陶器。"这都表明 6000 多年前,后岗一期文化时期的居民向北迁移,并与魏家窝铺红山文化时期的居民发生了接触。"专家说,目前无法确定两种文化的居民接触后是发生了血雨腥风的战争,还是促成了通婚。"但是这段交流史为研究区域广、多民族的中华文明形成提供了非常有价值的方向和思路"。

目前,赤峰市、红山区两级政府都希望通过魏家窝铺红山文化聚落遗址的科学发掘,建立起红山文化命名地独有的红山文化遗址博物馆,全面系统地向世界展示五六千年前赤峰先民的社会生活面貌。把魏家窝铺红山文化聚落遗址这一赤峰市红山区城区附近新的历史文化资源变成红山文化研究资源库和赤峰人文旅游的亮丽风景线。

赤峰市魏家窝铺红山文化聚落遗址是目前国内发现的保存最完整、规模最大的红山文化时期的早中期聚落遗址。它的发现,不仅为研究红山文化提供了难得的实物资料,而且为深化西辽河上游文明化进程的研究提供了新的平台。2013 年 5 月,魏家窝铺红山文化聚落遗址被国务院核定公布为全国第七批重点文物保护单位。

魏家窝铺遗址的发现意义重大,它证明赤峰地区仍然是红山文化的中心区域。因为牛河梁遗址没有生活区,仅仅是墓葬。对魏家窝铺遗址的深入研究将有助于勾画出完整的红山文化发展图谱。

2010 年 9 月 6 日"草原文化遗产日"前夕,内蒙古自治区第三次全国文物普查领导小组办公室组织自治区文物考古专家经过认真评审,在自治区第三次全国文物普查工作新发现的 1.2 万余处文物中,评选出"二十大新发现"。这些新发现囊括了古遗址、古墓葬、石窟寺、石刻以及工业遗产、20 世纪遗产等新型文化遗产,分布于全区 12 个盟市。赤峰市红山区的魏家窝铺遗址名列"二十大新发现"榜首。随后,2010 年度全国十大考古新发现初评结果揭晓,有 25 项重要发现入围 2010 年度终评,赤峰市红山区魏家窝铺红山文化聚落遗址以名列第十的成绩入围,也是唯一一处在第三次全国文物普查时发现的遗址。

第三节　二道井子
——四千年前的古城

　　早在全国第二次文物普查期间二道井子遗址就已经被发现并登记在册，现已发掘古城遗址面积 3500 平方米，其中包括 149 座房址和 150 座窑址。这是迄今为止同类发掘中规模最大也是最为完整的古城遗址。

　　二道井子遗址是 2009 年考古六大发现之一。坐落于赤峰市红山区二道井子村北部的山坡上，面积约 3 万平方米，是目前所见保存最好的夏家店下层文化遗址。2013 年 5 月，被国务院核定公布为第七批全国重点文物保护单位。

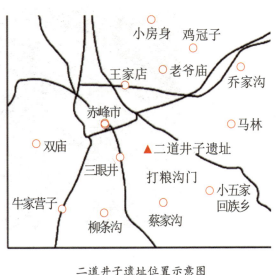

二道井子遗址位置示意图

　　2009 年 4 月，内蒙古文物考古研究所对该遗址进行了抢救性发掘，发掘面积达 5200 平方米。遗址堆积深厚，平均深度达 8 米。在遗址外围发现了环壕与城墙，环壕平面大体呈椭圆形，南北长约 190 米、东西宽约 140 米。城墙位于环壕内侧，地基宽 9.6 米、现存高度 6.2 米。城墙内侧堆积坡度较缓，部分房址坐落于城墙上；城墙外侧坡度陡峭，与环壕内壁相连形成统一的斜面。

106

目前已发现、发掘房址 149 座，多为地面式建

筑。房址多在同一位置上下叠压，最多可叠压七层，推测下面的房址是上面房址的地基。房址之间多有"地面"相连，两至三间房址由"地面"相连的情况相当普遍，最多有七八间房址连在一起。单个房址平面形状以圆形为主，外部多附有回廊或侧室。墙体多为土坯层层错

砌,保存最高的地方达 2.1 米。回廊内用土坯砌筑短墙,将回廊分隔成数量不等的小隔间,个别隔间之间有门道或门洞相连,有的分布成排柱洞。居住墙面一般抹有草拌泥,房屋地面中部有灶。门道多向西南,外侧

中华第一门

有门槛,两侧置有门墩。遗址南部发现 300 平方米的"地面",疑为小型广场。此外,发掘区南部还有四组保存较完整的由院墙、房址、窖穴构成的院落,呈南北向排列,周围分布有纵横的道路。

遗址内出土器物以陶器、石器和骨器为主,也有少量玉器和青铜器等。陶器以筒腹鬲、鼓腹鬲、罐形鼎、豆、罐、三足盘、大口尊等器型居多。石器有斧、刀、铲、镞、锛、饼、球、槽、臼、杵、磨盘及磨棒等。骨器有三棱长铤镞、锥、铲、针、笄等。玉器有玉斧、玉环、项饰等。青铜器有刀、锥以及喇叭口式耳环等。

二道井子遗址保存极佳的"地面"为研究不同遗迹之间的共时关系(考古术语。所谓共时关系,是指考古遗存中的遗迹之间,也包括文化堆积,在一定时间内具有同时并存关系,并且这种共时关系通过分

析后是可以确认的）提供了有利的条件，环壕、城墙、院落、房址、窖穴、道路等构成的聚落，为探索当时的聚落形态及社会组织结构提供了新的资料。多层叠压的房址显示该遗址存在早晚相互衔接的不同时期的聚落，由此可以考察遗址不同时期聚落形态的变化，进而复原整个遗址始建、修缮、扩建、重建直至废弃的过程。

令人疑惑的是：属于距今已有 4200～3600 年夏家店下层文化时期的二道井子遗址并没有出现像红山文化时期那样的精美玉器雕件，这就给我们提出一个问题：如果夏家店人是红山人的后裔，为什么他们没有继承选玉制玉的工艺技术？难道是因为把精力用在研制青铜上，从而放弃了古老工艺，还是另有缘由？

其缘由有两种说法：一是掌握制玉工艺的红山人因气候和不可抗拒外力影响逃出家园，迁徙到了远方。二是轩辕黄帝战败后到北方借兵，当时的能工巧匠和强壮兵力随黄帝争战蚩尤，胜利后，在中原或南方定居，把独特的制玉手艺带走，从而失传。

在 2009 年 10 月 16 日召开的"内蒙古二道井子青铜时代古文化遗址保护国家级专家论证会"上，与会考古专家经过长期深入的考古研究，决定把二道井子遗址建成国内一流的博物馆。

二道井子遗址是我国保存最好的史前文化遗址之一，其房屋遗址之完整，文化内涵之丰富，对我国的考古研究具有极高的价值。

参考文献

[1] 韩仁信. 东大庙里的文博春秋. 海拉尔：内蒙古文化出版社，2010.

[2]苏秉琦. 苏秉琦考古学论述选集. 北京：文物出版社，1984.

[3]苏秉琦. 中华文明起源新探. 沈阳：辽宁人民出版社，2009.

[4]《庆祝苏秉琦考古五十五年论文集》编辑组.庆祝苏秉琦考古五十五年论文集. 北京：文物出版社，1989.

[5]郭大顺. 红山文化. 北京：文物出版社，2005.

[6]郭大顺. 牛河梁遗址. 北京：学苑出版社，2004.

[7]席永杰. 红山文化与辽河文明. 呼和浩特：内蒙古人民出版社，2008.

[8]席永杰，王惠德，孙永刚，等. 西辽河流域早期青铜文明. 呼和浩特：内蒙古人民出版社，2008.

[9]席永杰，滕海建.夏家店下层文化研究述论.赤峰学院学报，2011,32（4）：6-9.

[10]刘国祥，杨虎，邓聪. 玉器起源——兴隆洼玉器图录. 香港中文大学文物馆，2007.

[11]邵国田. 敖汉文物精华. 海拉尔：内蒙古文化出版社，2004.

[12]田广林. 中国东北西辽河地区的文明起源. 北京：中华书局，2004.

[13]贾洪榛. 赤峰沧桑.海拉尔：内蒙古文化出版社，2011.

[14]李逸友，魏坚. 内蒙古考古 40 周年文集. 北京：中国大百科全书出版社，1994.

[15]于建设. 红山玉器. 呼和浩特：内蒙古远方出版社，2004.

[16]吴堂海. 红山玉器. 震旦艺术博物馆,2007.

[17]郭大顺,洪殿旭. 红山文化玉器鉴赏(增订本).北京:文物出版社,2014.

[18]傅熹年. 古玉掇英. 香港:香港中华书局有限公司,1995.

[19]吴棠海. 中国古代玉器. 北京:科学出版社,2012.

红山文化诸文化时期大事纪略

（赤峰地区史前考古事件纪略）

1.1906 年的一天，一个个子不高的日本人，走进了建于清代康熙十八年、位于赤峰南部的喀喇沁王府。此人是日本人类学家、考古学者鸟居龙藏。鸟居龙藏名义上是王府聘请的教师，但他的心思和兴趣，都放在了对东亚文化的考古调查上。而这一次的目标，是内蒙古南部林西县和赤峰红山地区。在这里的考察果然给他带来了不小的收获，60 多处新石器时代遗址和环绕着石头的古墓，揭开了世界了解红山文化的序幕。

2.1919 年，法国神父、自然科学博士桑志华来到内蒙古东部的赤峰林西、辽宁朝阳地区考古。据有关资料记载，在 1922 年至 1924 年期间，桑志华多次到过赤峰。在这里，他发现的新石器时代遗址多达22 处。还在中国这片土地上发现了旧石器时代遗址，并采集了一些史前文物标本。

3.1921 年，安特生发掘锦西沙锅屯洞穴。南下后发掘了著名的仰韶文化遗址。

4.1922 年，德日进来到赤峰考察，并采集了石器。

5.1928 年，中央研究院和北平研究院成立，是中国最早的两家考古研究机构。

6.1930 年冬季，梁思永先生由东北的通辽起程，想要经过天山、林东、林西等地，到达当时属于热河省管辖的赤峰。途中因遇严重鼠疫,梁先生只好临时调整计划,改道东北,并对那里新发现的新时期遗址进行挖掘。由于季节原因、冰冻的土地,使得梁先生多次改变计划,先后对热河、林西等地进行挖掘考察,但最终因受到温度影响而被迫中断。

7.1934年秋天,梁思永先生的热河考古报告发表。这篇考古报告,是由中国考古学者书写的第一篇专论热河新石器的文字。同年,苏秉琦先生进入北平历史研究所工作。

8.1935年夏天,滨田耕作亲自出马,带领一个所谓纯粹的考古团体到达赤峰,在这里进行了3个星期的大规模盗掘。

9.1954年12月,尹达著的《中国新石器时代》在中国权威的考古杂志《考古学报》上发表,正式提出"红山文化"的命名。

10.1956年,考古工作人员再次对赤峰红山进行了调查。1956年裴文中、吕遵谔与北京大学历史系考古专业的师生在赤峰林西一带进行教学实习,随后又来到赤峰市区红山文化遗址,师生们对红山前的三个地点和红山后的一个地点进行了调查和试掘,获得一批重要的实物标本,对《赤峰红山后》报告中的错误结论予以更正,提高了对于红山遗址群及红山文化研究的总体认识。

11.1960年在赤峰药王庙和夏家店重新进行考古发掘,并将以前所说的红山第二期文化也重新命名为夏家店文化

12.1962年,考古工作人员发掘了巴林左旗富河沟门遗址,先从理论上假定了"富河文化"。同年,在内蒙古林东南杨家营子的调查发掘,确认了富河文化比红山文化要早的地层层位关系。

13.1963年,中国社会科学院考古研究所对赤峰蜘蛛山、西水泉夏家店遗址进行了调查发掘,确认了夏家店下层与上层的地层层位关系,从《红山后》这部书所假定的"赤峰第二期文化"中,明确将该地区分出两种文化类型。蜘蛛山遗址的调查发掘明确了红山文化、夏家

店下层文化、夏家店上层文化、战国—汉代文化的地层层位关系。西水泉遗址的调查发掘也明确了红山文化与夏家店下层文化的地层层位关系。同年,中国科学院考古研究所内蒙古工作队刘晋祥在赤峰市西水泉遗址发掘到一件小型人像残件,为泥质褐陶,半身,头部残缺,胸部乳房突起,下部周边刻画竖条纹,残高 3.8 厘米。发掘者认为属女性塑像,并发表了线图。

14. 1964 年在巴林左旗杨家营子镇葛家营子村东北和尖山子出土的马蹄形玉箍器及玉兽玦(20 世纪六七十年代,对于赤峰蜘蛛山、西水泉、敖汉旗白斯朗营子四棱山、三道湾、翁牛特旗三星他拉等遗址的调查和主动性发掘,极大地丰富了红山文化的内涵)。

15. 1973 年,在敖汉旗小河沿各地进行了发掘调查。

1973 年发现喀左县瓦房村红山文化墓地。

1973 年辽宁省阜新市文化局、辽宁省博物馆文物队对阜新胡头沟墓地的发掘。

16. 1974 年昭乌达盟(现赤峰市)文物工作站、敖汉旗文化馆、辽宁省博物馆在三道湾子、四棱山和南台地分别发现并调查发掘了红山文化的窖穴、窑址和小河沿文化与夏家店下层文化的地层层位关系。

1974 年昭乌达盟文物(现赤峰市)工作站、敖汉旗文化馆、辽宁省博物馆对白斯朗营子遗址进行发掘。

1973 年和 1974 年,张戴天、方启东、苏兴钧和刘振华对奈曼旗满德图遗址进行调查和试掘。

1974 年和 1975 年,朱风翰对奈曼旗大沁他拉遗址进行了调查。

1974 年和 1975 年,辽宁省博物馆文物工作队对翁牛特旗海金山等遗址进行调查。

17. 1977 年和 1979 年,昭乌达盟(现赤峰市)文物工作站、翁牛特旗文化馆、辽宁省博物馆文物队对大南沟墓地进行了发掘。

18. 1979 年李恭笃、高美璇对凌源县三官甸子遗址进行了发掘。

1979 年辽宁省文物干部培训班对喀左东山咀遗址进行发掘。

19. 1980 年首次在那斯台遗址中采集了大量成组玉器，以数量、品类之多，制作精美，质地细腻、晶莹等特点，得到了中外考古界关注。

20. 1981 年李宇峰对辽宁建平红山文化遗址进行调查。

1981 年 12 月，在杭州举行的"中国考古学会第二次年会"上，辽宁省考古研究所孙守道先生等人，向大会提交论文《辽河流域的原始文明与龙的起源》，又一次确认了上述发现均属"红山文化"，一时造成了世界考古界的轰动，大批海内外学者纷纷到东北考察。与此同时，已故的中国考古大师苏秉琦先生对红山文化作了进一步的肯定，确认"东北地区的红山文化，是中国五千年前中华文明的曙光"。

21. 1982 年秋冬之际，敖汉旗文化馆和中国社会科学院考古研究所内蒙古考古队在敖汉旗南部宝国吐乡进行文物普查时发现兴隆洼遗址，1983 年进行发掘，随后命名了兴隆洼文化。

22. 1982 年，中国社会科学院考古研究所内蒙古工作队在内蒙古敖汉旗进行文物普查时，相继发现了赵宝沟遗址和小山遗址，采集到一些以压划几何形纹为主要特征的夹砂黄褐陶和夹细砂黑陶标本，其文化特征不同于已知的考古学文化。苏秉琦先生在观察和研究了采集的标本以后，称这类遗存为"赵宝沟类型"。1984—1986年，中国社会科学院考古研究所内蒙古工作队先后对小山遗址和赵宝沟遗址进行了考古发掘，鉴于两遗址的文化内涵不同于以往已确认的考古学文化，遂提出了"赵宝沟文化"的命名。

23. 1982—1983 年辽宁省博物馆对东山咀遗址继续发掘。

1983—1986 年辽宁省文物考古研究所对牛河梁第二号地点以及

1 号冢进行发掘。

1984 年辽宁省文物考古研究所对牛河梁女神庙进行发掘。

24. 1981—1988 年中国社会科学院考古研究所内蒙古工作队和敖汉旗博物馆对敖汉旗新石器时代遗址进行了大规模考古调查。

25. 1986 年 9 月,设在牛河梁的考古工作站接待了参加中国考古学会第六次年会的近百名考古工作者。次年 9 月 12 日,苏秉琦先生来到牛河梁,在工地住了三天。他说,女神像是仿照真人塑造的,她"是红山人的女祖,也就是中华民族的共祖"。

26. 1988 年、1989 年、1991 年内蒙古文物考古研究所、吉林大学考古学系对内蒙古赤峰市林西县白音长汗遗址进行发掘。

27. 牛河梁遗址于 1983 年开始发掘,至今共发掘了近 20 个遗址点。1988 年,牛河梁红山文化遗址被国务院公布为全国重点文物保护单位;2004 年又被国家文物局列入全国 100 个大遗址保护名单;2006 年被列入中国世界文化遗产预备名单; 申报世界文化遗产准备工作在 2008 年也正式启动了。

28. 1987 年中国社会科学院考古研究所内蒙古工作队发掘了位于敖汉旗孟克河左岸的小河西遗址,提出了"小河西文化"的命名。经正式发掘的同类文化遗址还有敖汉旗西梁、榆树山、翁牛特旗大新井遗址等。1998 年,文博工作者又在喀喇沁旗牛营子镇马架子村发现了大型小河西文化聚落。

29. 1990 年 10 月召开的"内蒙古东部地区考古学术研讨会"上提出了"千斤营子类型"的命名,认为这类遗存时代较早。

30. 1990 年辽宁省文物考古研究所对牛河梁"转山"地点进行解剖式科研。

31. 1992 年兴隆洼遗址被评为"全国十大考古新发现",1993 年被国家文物局评为先进工地二等奖,1995 年再次被评为"八五期间十大考古新发现"。

32. 1993 年辽宁省文物考古研究所对牛河梁第三地点进行了发掘。

1993 年赵振东对辽宁省阜新市胡头沟积石冢进行第二次清理。

1993 年春季,在内蒙古赤峰市松山区喇嘛地乡哈喇海村西南的赵宝沟文化遗址中,发现了距今 7000 年的石磬。

33. 1996 年辽宁省文物考古研究所对牛河梁第二地点 Z1 号墓进行发掘。

1996 年辽宁省文物考古研究所对牛河梁第二地点 4 号冢进行发掘。

34. 1998—1999 年辽宁省文物考古研究所对牛河梁第五地点进行发掘。

35. 1998 年 8 月,中国北方古代文化第二届国际学术研讨会在内蒙古赤峰市召开。

36. 1999—2001 年赤峰中美联合考古队对赤峰地区古代遗址进行地毯式清查。

37. 2000 年由赤峰市精神文明建设委员会办公室副主任李文智积极倡导、策划,联络中国著名邮票设计家王虎鸣设计,中国邮政 总局邮票处范处长促成了以红山文化代表器物"中华第一龙"为首 的系列龙票发行。

38. 2001 年中国社会科学院考古研究所内蒙古工作队、敖汉旗博物馆对敖汉旗境内蚌河与老虎山河流域的新石器时代遗址进行了考古调查。

39. 2003—2004 年辽宁省文物考古研究所对牛河梁第十六地点进行发掘。

40. 2001—2003 年,刘国祥研究员在敖汉旗兴隆沟遗址发掘时,提取了 1500 多个土样，到实验室进行识别、鉴定，发现了 1500 多粒碳化谷粒，其中，糜子占 90%，谷子占 10%。为解决谷物起源问题提供了第一手材料。

41. 2004 年，一项由国家支持的多学科综合研究中国历史与古代文化的重大科研项目"中华文明探源工程"正式启动。

2004 年 7 月，中国北方古代文化第三届国际学术研讨会在内蒙古赤峰市召开，来自美国、加拿大、德国、法国、韩国、日本等国家和中国台湾、香港等地区及中国大陆的一百五十余名专家、学者参加会议。

42. 2006 年 8 月在赤峰市举行了首届红山文化国际高峰论坛。

2006 年，吉林大学边疆考古研究中心、内蒙古文物考古研究所等单位，对内蒙古赤峰市松山区康家湾遗址进行了较大规模的发掘。

2006 年赤峰市举办第一届红山文化国际高峰论坛，韩国、美国、哥伦比亚、以色列等多个国家和地区的专家学者近百人参加，主要围绕 9 个议题进行研讨和交流：红山文化研究回顾与展望；红山文化类型、分期与年代；红山文化的渊源与流向；红山文化聚落形态、经济形态与社会形态；红山文化埋葬习俗与原始宗教信仰；红山文化玉器的再认识；红山文化在中国文明起源和发展进程中的地位与影响；从红山文化看中国龙的起源及崇龙礼俗的形成；以红山文化为主线的东北亚地区史前文化交流。

43. 2009 年 9 月 2 日，一座距今 4000 年前的夏家店文化下层时期古城遗址，经过内蒙古考古研究所 4 个多月的考古挖掘，部分遗址建筑重见天日。考古结果表明，该古城遗址面积达到 3.8 万多平方米，是已经发掘的三座店古城遗址面积的 3 倍多。凌源田家沟红山文化墓地群于 2009 年 3 月在第三次全国文物普查中发现，共发现 4 个墓地地点。2009 年辽宁省考古所对其进行抢救性考古发掘。2009 年 7 月至 10 月,考古人员先期清理完成第一、二号地点;2010 年 8 月至 11 月,又对第三、四号地点进行局部清理;截至 2012 年 3 月,共发现红山文化晚期墓葬 42 座,人骨个体 46 具,祭祀坑 4 个,方形祭坛 1 座,出土红山文化玉器 19 件,以及彩陶盖罐、夹砂红陶罐、陶塔形器、石斧等大量文物。

44. 2007 年 8 月 20 日,第二届红山文化国际高峰论坛在内蒙古赤峰市开幕,来自韩国、香港、辽宁等地的 30 位专家学者参加了会议。在本次论坛上,韩国国学学术院院长金镐逸教授说:"韩国人也在研究红山文化。"

45. 被评为"2010 年中国十大考古新发现"的内蒙古通辽市哈民史前聚落遗址新出土 40 余件精美史前玉器,其中,兽首匕形器、方形王璧在此前的同时期史前遗址考古中从未出土过,属新器类。

46. 2010 年 8 月 8 日赤峰市博物馆新馆正式对社会开放。依托赤峰市境内 6800 多处古代文化遗存,该博物馆将成为国内目前规模最大、文物种类最全、学术影响最广泛的红山文化和辽文化主题博物馆,具备每年 100 万游客和大型专业学术会议的接待能力。

47. 2010 年 5 月 17 日上午,全国首个红山文化暨契丹辽文化研究基地在赤峰学院挂牌成立。红山文化暨契丹辽文化研究基地是 2008 年由内蒙古自治区党委宣传部批准设立的全区首批七个哲学社会科学研究基地之一。

48. 2010 年魏家窝铺遗址的发掘揭示出了一个环壕聚落的扩张和兴衰历程,属红山文化的首次发现。第六届红山文化高峰论坛 8 月 25 日在内蒙古赤峰学院开幕,围绕"红山文化与中华文明的关系"、"草原文化与现代文明"、"红山文化考古发现"等问题进行交流、讨论。

49. 2010 年 8 月 17 日，央视《国宝档案》栏目播出一档介绍红山文化玉器的节目《世博看国宝——红山古玉》。

50. 2012 年 8 月 20 日，敖汉兴隆沟红山文化时期整身陶人专家座谈会在内蒙古敖汉旗举行。

51. 2013 年 8 月 12 日第八届"中国赤峰红山文化国际学术研讨会"在内蒙古自治区赤峰市召开，本届大会吸引了近百名国内外的红山文化研究学者。本届研讨会的主题是"红山文化与中华五千年文明"，来自中国社会科学院、剑桥大学、北京大学、中国农业博物馆等研究机构的学者们就红山文化与文化遗产保护、红山文化聚落、红山文化在中华文明起源中的地位与作用、红山文化最新发现与研究成果等课题进行了深入探讨。

52. 2017 年 4 月 9 日，由赤峰市文联主席李文智建议制作的红山玉器特种纪念邮票，由中国邮政总公司在全国范围内正式发行。同日，敖汉旗博物馆原馆长、邮票中玉龙的发现人邵国田先生进行现场签售活动。

注：所用实物图片均由编者拍自赤峰博物馆、各地展馆以及多年整理收藏，部分线描图摘取自《赤峰史志资料选编》，书中所用资料如侵犯您宝贵权益实属无心，望多见谅！并请及时与我们联系我们会在第一时间进行修正。